Jean-Baptiste Moliere

Die gelehrten Frauen

Charakterkomödien

Jean-Baptiste Moliere

Die gelehrten Frauen
Charakterkomödien

ISBN/EAN: 9783743379619

Hergestellt in Europa, USA, Kanada, Australien, Japan

Cover: Foto ©Thomas Meinert / pixelio.de

Manufactured and distributed by brebook publishing software (www.brebook.com)

Jean-Baptiste Moliere

Die gelehrten Frauen

Bibliothek ausländischer Klassiker

in

deutscher Uebertragung.

16. Band.

Französische Literatur.

Molière's Charakter-Komödien.

Dritter Theil.

Hildburghausen.

Verlag des Bibliographischen Instituts.

1865.

Molière's Charakter-Komödien.

Im Versmaße des Originals übertragen

von

Adolf Laun.

Dritter Theil.
Die gelehrten Frauen.

Hildburghausen.
Verlag des Bibliographischen Instituts.
1865.

Einleitung.

Obgleich die Gelehrten Frauen, in ihrer mittleren, mäßigen Haltung vielleicht das feinste der drei Stücke, einer ganz besonderen Verkehrtheit jener literarisch aufgeregten Zeit galten, so haben doch auch sie Zustände und Charaktere zur Grundlage, die, abgesehen von der didaktisch=satirischen Tendenz des Stückes, durch Wahrheit interessiren und durch die Art und Weise, wie sie dargestellt und gruppirt sind, komisch wirken. —

Wir lassen im Folgenden, zur bessern Würdigung des Stückes, einige Notizen über das Preciosenthum in Frankreich während des 17. Jahrhunderts folgen, welche ein summarisches Bild der von Molière bekämpften Zeitrichtung geben und zugleich beispielsweise andeuten mögen, welche sociale Bedeutung seine Bühne hatte und welche reiche, in Deutsch= land noch wenig ausgebeutete Fundgrube sie für die Sittengeschichte ist.

Es wurde schon mehrfach angedeutet, welch wichtige Rolle die Litera= tur unter Ludwig XIV. spielte, der in Beförderung derselben ein Mittel zu Ansehen, Ruhm und Glanz sah und nicht ohne Sinn und Geschmack für dieselbe war; bekannt ist auch, welch eigenthümliches, conventionelles, national=abgeschlossenes und aristokratisch=elegantes Gepräge sie durch den Einfluß des Hofes, der Hauptstadt und der vornehmen mit ihr sich befassenden und sie protegirenden Kreise erhielt. Hierin trat nun immer mehr die Theilnahme der Frauen als wichtig und maßgebend hervor. Der Centralpunkt, so zu sagen, die Mutterloge dieser immer mehr Mode werdenden literarischen, von Damen präsidirten Salons war das sprich= wörtlich gewordene Hotel Rambouillet. Die Besitzerin desselben, Madame de Rambouillet, die gefeierte Muse mittelmäßiger Poeten, die der besse= ren Romantik wegen ihren Namen Katharine in Arthénice anagramma= tisiren ließ, versammelte regelmäßig um sich einen Kreis schöngeistiger

Herren und Damen, welche letztere sich selber Précieuses nannten, eine Benennung, die erst später durch Molière's Précieuses ridicules zum Spottnamen wurde.

Obgleich Leute von Genie wie Pascal und Larochefoucauld zuweilen an diesen Vereinen Theil nahmen, so gaben untergeordnete Talente, wie Chapelain, Voiture und Balsac, daselbst doch den Ton an. Der Sinn für Bildung und Literatur, der diese Zusammenkünfte veranlaßt hatte, artete bald in Schönseligkeit und Affektation aus, und die romantische Liebe, die als ein ferner Abglanz des Mittelalters noch herüberwinkte, wurde allmälig zur bloßen Galanterie. Dieser Umschlag in Geist und Sitte stand wahrscheinlich mit den im Gefolge der Katharina und Maria von Medicis nach Frankreich herübergekommenen Italienern in Verbindung. — Die pretensiösen, in den Romanen der Zeit belesenen Damen maßten sich nach und nach neben Leitung und Aufrechthaltung des guten Tons auch ein Urtheil über Prosa und Verse an und gefielen sich in einer gesuchten Redeweise, der besonders der von ihnen bewunderte Sonnettist Voiture huldigte; und so wurde der Anstoß gegeben zu jenen pointenreichen Konversationen, zu jenen Memoiren, Romanen, Epigrammen, Sonnetten und galanten Couplets, zu jenen Familienporträts, Briefsammlungen, Charaden und Gesellschaftsspielen, die damals Frankreich überschwemmten und Zeugniß geben von jener konventionellen, aller Wahrheit, Natur und eigentlichen Poesie entblößten Bildung und Geistesrichtung. — Jene Romane, auf die auch Tante Belise in unserem Stück hinweist, sind besonders die der Scudéry und der de la Fayette. Sie wurden, so verschroben es auch darin hergeht, nicht allein das Regelbuch der galanten Konversation, sondern auch der Sitten und des guten Tons, — doch begnügte man sich nicht mit Büchern, es kamen auch der größern Anschaulichkeit wegen Karten der Liebe und Zärtlichkeit heraus, auf denen der Strom der Neigung, das Meer der Intimität, der See der Gleichgültigkeit und viele andere Dinge der Art gezeichnet waren. Man sah darauf unter anderem, wie, um die Stadt der Zärtlichkeit zu nehmen, man das Dorf der Liebesbriefe und das Schloß der kleinen Aufmerksamkeiten zuvörderst gewinnen müsse u. s. w. Ernsthafte Gespräche über frivole Fragen, Liebesmetaphysik, Gefühlssubtilitäten, weitläufige Verhandlungen über den Sinn eines Räthsels, mit dessen Vorlesung gewöhnlich die Unterhaltung begann, waren der hauptsächliche Inhalt derselben.

Unter vielen anderen Zeugnissen führe ich nur das des bekannten La Bruyère an, der sagt: „Vor nicht langer Zeit sah man einen Kreis

von Perſonen beiderlei Geſchlechts, die durch Geiſtesaustauſch und Un=
terhaltung ſich zu einander hingezogen fühlten. Sie überließen dem
gemeinen Volke die Sorge, verſtändlich zu ſprechen. Durch das, was
ſie Delikateſſe, Sentiment und Feinheit des Ausdrucks nannten, hatten
ſie es ſo weit gebracht, daß ſie ſich ſelbſt nicht mehr verſtanden; um in
dieſen Unterhaltungen etwas zu gelten, bedurfte es weder des geſunden
Menſchenverſtandes, noch des guten Gedächtniſſes, noch der geringſten
anderen Fähigkeit, ſondern des Geiſtes, nicht des echten, ſondern des
falſchen, indem die Phantaſie die Hauptrolle ſpielt." —

Die Sitten dieſer Kotterien waren ebenſo barock, als die Geſpräche,
die in ihnen geführt wurden. Die Damen affektiren gegen und unter
einander eine romanhafte Gefühlsexaltation und verlangten von ihren
Anbetern, wie auch Tante Beliſe thut, einen langen, entſagungsvollen
Opferdienſt.

Sie nannten ſich nur ma chère, luden ſich durch Charaden ein und
ſchickten ſich Rondeaus zu. Eine chère, das wurde ihre gewöhnliche
Benennung, legte ſich um die Empfangsſtunde in's Bett; der Alkoven,
in dem es ſtand, und der phantaſtiſch verziert war, bildete den Salon,
und dieſe Verſammlungsorte hießen les ruelles. Um zu dieſen Herrlich=
keiten zugelaſſen zu werden, mußte man durch einflußreiche Eingeweihte,
welche grands introducteurs des ruelles hießen und unter denen ſich die
beiden Abbés Bellebat und Dubuiſſon auszeichneten, eingeführt werden,
und bewieſen haben, daß man le fin, le vrai fin, le fin du fin verſtehe.

Außer dieſen Introducteurs und den von ihnen eingeführten jungen
Adepten hatte jede Dame aber auch noch einen beſondern dienenden Ritter,
der Alkoviſt hieß, der mit ihr die Honneurs des Hauſes machte und mit ihr
die Unterhaltung leitete. — Das Merkwürdigſte dabei iſt, daß dieſe Ver=
hältniſſe nicht im geringſten anſtößig erſchienen und vielleicht auch nicht
waren, worüber St. Evremond eine hier nicht gut mittheilbare Erklärung
gibt. —

Dieſen Wunderlichkeiten entſpricht nun auch beſonders die geſchraubte
Redeweiſe, in der dieſe Damen ſich ergingen; es gab für Alles zwei Aus=
drücke, einen vornehmen und einen gemeinen. Die Zahl der von ihnen ge=
ſchaffenen Wendungen und Bezeichnungen, unter denen ſich auch manche
ganz verſtändige, noch heute gebräuchliche finden, wie des cheveux d'un
blond hardi, un sourire amer, une belle flamme etc. iſt ſo groß, daß So=
maize ſein großes Dictionaire des Précieuses damit hat anfüllen können.
Der Kurioſität wegen mögen hier einige folgen: Der Spiegel, — le
conseiller des grâces. Der Maler, — le poète muet. Schöne Lippen, —

des lèvres bien ourlées. Sich verheiraten, — donner dans l'amour permis. Ein Rosenkranz, — une chaine spirituelle. Die Haare kämmen, — délabyrinthiser les cheveux. Der geheime Ort, — la lucarne des antipodes. Tanzen, — tracer des chiffres d'amour. Marmorstatuen, — des muets illustres u. s. w. Von den Unterröcken, denn auch die Toilette hatte ihre besondere Nomenclatur, hieß der obere la modeste, der mittlere la friponne und der untere la secrète. — Diese Auswüchse der an sich löblichen Sorgfalt, mit der gerade damals die Schrift= und Konversationssprache kultivirt wurde und ihr noch heute, trotz den Romantikern, bestehendes Gepräge erhielt, waren für des Komikers gesunden Sinn eine reiche Beute, die er auch zu unserem Stück redlich benutzte.

Doch waren es nicht allein Sprache und Literatur, sondern auch die strengern Wissenschaften: Physik, Chemie, Astronomie, Philosophie, Philologie u. s. w., mit denen man sich in den eleganten Zirkeln befaßte. — Die sich entwickelnde Verschiedenheit in der Geistesrichtung und Lebensweise der Preciösen rief aber bald eine Trennung in drei verschiedene Kreise hervor, die sich oft lebhaft bekämpften. Der wichtigste blieb der von Madame de Rambouillet gegründete, an dem auch die berühmte Sévigné Theil nahm. Diese Preciösen hießen les spirituelles, sie beschäftigten sich besonders mit Moral, Philosophie und Aesthetik, urtheilten gern über Verse und Prosa, lasen Plato und Pascal, Gomberville und Calprenède und wechselten zwischen Einsamkeit und Gesellschaft, zwischen geistlichen Uebungen im Gebetzimmer und dem Besuch der Salons und der Akademien. Einen Gegensatz zu ihnen bildeten die galantes, die Begründerinnen der später so frivol werdenden feinen Salons, die ersten Vertreterinnen der libertinischen Lebensphilosophie, an deren Spitze die bewunderte Ninon de l'Enclos mit ihrem philosophirenden Freunde St. Evremond stand; bei ihnen handelte es sich besonders um Geist, Witz, Anmuth und Lebensgewandtheit. Eine dritte Klasse bildeten die savantes, die sich mit den eigentlichen Wissenschaften befaßten und au courant der neuesten Entdeckungen und Systeme waren, zu ihnen gehörten die Dacier, die Deshouillières und Andere.

Die lächerliche Seite dieser Zustände und Bestrebungen innerhalb der höheren Stände, die Molière in mehreren seiner Stücke, z. B. in der Critique de l'Ecole des femmes, im Impromptu de Versailles und im Misanthropen im Vorübergehen mit satirischen Geißelhieben bedenkt, trat aber erst dann recht hervor und wurde bedenklicher und zugleich noch barocker, als der Bürgerstand anfing, die Vornehmen auch hierin nachzuäffen, als nicht blos Herzoginnen und Marquisen, sondern auch Kaufmannsfrauen und Pächterstöchter anfingen, statt dem Haushalt den schönen

Wissenschaften obzuliegen und sich im oft gar nicht verstandenen Jargon der Preciösen zu ergehen.

Daraus entstanden im Schooß der Familien Zerwürfnisse und Konflikte, die dem Molière den Stoff zu seinen Précieuses ridicules und zu unserem Stücke gaben. Jenes erste einaktige in Prosa verfaßte Stück, das schon 1659 am Anfang seiner Laufbahn erschien, ist als ein erster Entwurf, als ein Vorläufer des unserigen anzusehen, welches alles dort nur Skizzirte sorgfältiger ausführte. Zwei von der Schöngeisterei befallene Bürgerstöchter geben darin, auf einmal vornehm geworden, ihren frühern Liebhabern aus Hochmuth den Laufpaß. Diese wissen sich aber zu rächen. Sie schicken ihre beiden gewitzigten Bedienten zu ihnen, die sich unter der Maske von schöngeistigen Marquis bei ihnen insinuiren und durch Schönthuerei und Affektation reißende Fortschritte in ihrer Gunst und Intimität machen; sie sind damit im besten Zuge, als ihre Herren plötzlich erscheinen, sie im Beisein ihrer Verehrerinnen entlarven und zur Beschämung derselben tüchtig durchwalken.

Der Vater Gorgibus, den Molière in unserem Stück zum Pantoffelhelden Chrysale umgestaltet, der dasselbe Bewußtsein wie dieser über die Verschrobenheit seiner Umgebung hat, die er humoristisch zu schildern, aber nicht zu bekämpfen weiß, hat seine innige Freude über den von ihm vorhergesehenen Ausgang und wünscht zum Schlusse alle Verse, Sonnette, Lieder und Romane zum Teufel.

Nach allen Zeugnissen der Zeit erregte das kühne, sich an die Verspottung einer Modethorheit wagende Stück ein ungeheures Aufsehen und trug nicht wenig zur Rückkehr in eine vernünftigere Denk- und Redeweise bei. Doch dieser erste Schlag, auf den die Verspottung des Krautjunkerthums in der Comtesse d'Escarbagnas folgte, genügte noch nicht; Molière fühlte, daß er noch einen zweiten eindringlicheren thun müsse und führte dreizehn Jahr später 1672 die Femmes savantes auf, die neben den Blaustrümpfen zugleich die Pedanten und Schöngeister verspotten und zeigen sollten, welche Verheerung mißverstandene weibliche Bildung, der nur Eitelkeit zum Grunde liegt, in den Gemüthern und in den Familienverhältnissen anzurichten vermag, wie dieselbe statt zu heben und zu bereichern, nur von Natur und Wahrheit entfernt und die gewöhnlichen Schwächen um eine neue, anspruchsvolle Affektation vermehrt. —

Daß dies Molière's Absicht war, geht hinreichend aus dem reizenden Bilde schöner Weiblichkeit hervor, das er in Henrietten den Zerrbildern derselben entgegengestellt hat, wie er ja auch ihr natürlich wahres Liebesverhältniß zu Clitander mit dem verschrobenen Platonismus der Schwester kontrastiren läßt. — Wie Schlegel aber aus diesem Stück eine Geringschätzung aller höheren Bildung herauslesen und diese aus Molière's Erziehung und Lage deuten konnte, muß jedem, der einseitige, einer dramatischen Person in den Mund gelegte Aeußerungen nicht mit des Dichters Ansicht verwechselt, und der zugleich weiß, daß Molière, der umfassende literarische Studien gemacht hatte, mit seiner Bildung ganz auf der Höhe seiner Zeit stand, ja über dieselbe hinausragte, unbegreiflich erscheinen. —

Die gelehrten Frauen.

Personen:

Chrysale, ein wohlhabender Bürger.
Philaminthe, seine Frau.
Armande,
Henriette, } seine Töchter.
Ariste, sein Bruder.
Belise, seine Schwester.
Clitander, Henriettens Liebhaber.
Trissotin, Schöngeist.
Vadius, Gelehrter.
Martine, Köchin.
Lepine, Laquai.
Julien, Diener des Vadius.
Ein Notar.

Ort der Handlung: Paris im Hause des Chrysale.

Erster Akt.

Erster Auftritt.

Armande. Henriette.

Armande.
Der Name Jungfrau will nicht länger dir behagen?
Wie, seinem holden Reiz kannst du so leicht entsagen,
Und eine Heirat scheint für dich ein Ruhm zu sein?
Sprich! kommt so niedrer Plan in deinen Kopf hinein?

Henriette.
Ja, Schwester.

Armande.
Ach, dies Ja, wie sprichst du es nur aus!
Wer hörte solch ein Wort wohl ohne Schreck und Graus?

Henriette.
Was ist dir denn so sehr zuwider an der Ehe?

Armande.
O pfui!

Henriette.
Wie so?

Armande.

O pfui! mit deiner Ehe gehe!
Begreifst du nicht, sobald man nur dies Wort vernimmt,
Daß jeden höh'ren Geist es ängstigt und verstimmt?
In welch gemeine Welt wird man dadurch versetzt,
Und unsre Phantasie, wie roh wird sie verletzt!
Du schauderst nicht davor? Kannst wirklich dich entschließen
Zu allen Folgen, die aus diesem Wort entsprießen?

Henriette.

Die Folgen dieses Worts, ich seh' sie klar voraus:
Ich sehe einen Mann und Kinder und ein Haus,
Und sehe nichts darin, wenn ich es recht bedenke,
Was meinen Geist verletz' und meine Seele kränke.

Armande.

Wie, Himmel! solch ein Band befriedigt, Schwester, dich?

Henriette.

Was kann man Beßres thun, ist man so alt wie ich,
Als an sich fesseln durch den Namen Ehemann
Ihn, der uns liebt und den man wieder lieben kann,
Und durch ein Band der Lieb' und Treu und Zärtlichkeit
Ein Leben schaffen, das die Unschuld selber weiht?
Kann solch ein Band, wenn wohl gewählt, nicht Reiz gewähren?

Armande.

Mein Gott, wie wohnt dein Geist doch stets in niedren Sphären!
Wie ist die Rolle klein, die du zu spielen denkst,
Wenn du dich ganz und gar auf Haus und Hof beschränkst!
Wie arm das Weib, das sich nichts Höh'res denken kann,
Als Wickelkinder nur und ein Ideal von Mann!
Laß dem gemeinen Volk, das jeden Schwungs entbehrt,
Die groben Freuden, die der Ehestand gewährt;
Erfülle dein Gemüth mit edlerem Bestreben
Und such' es zum Genuß des Höh'ren zu erheben!

Verachte was nur Stoff, was uns die Sinne bringen,
Und gib dich ganz, wie ich, dahin den geist'gen Dingen!
Die Mutter geht darin als Beispiel dir voran,
Ihr Wissen, ihren Geist bewundert Jedermann.
Daß du die Tochter bist, das such' der Welt zu zeigen,
Nach Wissen strebend, wie es der Familie eigen.
Eröffne dein Gemüth dem seligen Genießen
Der hohen Freuden, die dem Studium entsprießen,
Und such' statt einen Herrn als Sklavin dir zu wählen,
Mit der Philosophie dich eh'lich zu vermählen,
Mit ihr, die uns vom Druck der niedren Welt befreit,
Mit ihr, die der Vernunft der Herrschaft Scepter leiht,
Die strenge Schranken setzt der sinnlichen Begier
Und hindert, daß der Mensch nicht sinke bis zum Thier!
Das ist die schöne Gluth, das ist das hohe Streben,
Dem jeder Augenblick gehören soll im Leben;
Die Sorge um das Haus, der sich so viele weihn,
Erscheint daneben, ach, wie jämmerlich und klein.

Henriette.

Der Himmel, der der Welt die Ordnung hat gegeben,
Setzt jeglichem sein Ziel beim Eintritt in das Leben:
Es ist nicht jeder Geist geformt aus solchen Stoffen,
Daß mit der Zeit daraus ein Philosoph zu hoffen.
Wenn deiner ist bestimmt zu so erhabnen Dingen,
Zu denen denkend sich empor die Weisen schwingen,
So kriecht der meine nur am ebnen Boden hin,
Denn kleine Sorgen nur beschäft'gen meinen Sinn.
Drum laß uns thun, was uns der Himmel vorgeschrieben,
Und Jeder folge ganz den eingebornen Trieben.
Bewohne du, vom Flug des Geists emporgetragen,
Der Weisheit steile Höhn, die in die Wolken ragen,
Dieweil mein schwächrer Geist, in's Irdische versenkt,
Sich auf die Freuden, die die Ehe beut, beschränkt.
Wir beide folgen so mit ganz verschiednem Streben
Dem Beispiel, welches uns die Mutter hat gegeben;

Im Reich der Geister, du dem du dich ganz geweiht,
Ich in der Körperwelt und in der Sinnlichkeit,
Du in den Werken, die dem Genius entspringen,
Ich aber, Schwester, in den materiellen Dingen.

Armande.

Wird uns ein Anderer als Muster dargestellt,
So sei's in dem, wodurch er leuchtet und gefällt;
Doch darin, Schwester, liegt das Streben nicht, mich deucht,
Daß etwa so wie er man hustet und man keucht.

Henriette.

Du aber, wärest du, was dich so eitel macht,
Wenn deine Mutter nur an Wissenschaft gedacht?
Gewiß, es ist ein Glück für dich, daß ihr Genie
Zu andrem Zeit gehabt, als zur Philosophie.
Was dir so niedrig scheint, veracht' es, bitt' ich, nicht,
Denn ihm allein verdankst du ja das Lebenslicht.
Wär' auf Philosophie allein der Sinn gestellt,
Ein kleiner Philosoph käm' nimmermehr zur Welt.

Armande.

Ich sehe, daß dich nichts, o Schwester, heilen kann,
Als das, wonach dein Herz sich sehnt, ein Ehemann.
Doch sage mir, wohin du deine Blicke lenkst;
Ich hoffe, daß du doch nicht an Clitander denkst?

Henriette.

Weshalb, ich bitte dich, soll er es denn nicht sein?
Ist's eine schlechte Wahl? Ist sein Verdienst so klein?

Armande.

O nein, das nicht; doch ist's ein ungerecht Beginnen,
Auf einen Herzensraub bei Anderen zu sinnen.
Denn, daß in heißer Gluth Clitander für mich brennt,
Ist ein Geheimniß, das ein Jeder weiß und kennt.

Henriette.
Er seufzte ja bei dir um Liebe stets vergebens,
Denn nie sinkst du herab in's Kleinliche des Lebens.
Du hast seit lange schon entsagt dem Ehestand,
Und für die Weisheit nur ist noch dein Herz entbrannt.
Da keine Absicht auf Clitander dir geblieben,
Warum denn kümmert's dich, daß Andere ihn lieben?

Armande.
Hält auch Vernunft von uns der Sinne Knechtschaft fern,
So athmen wir doch stets der Liebe Weihrauch gern;
Drum können wir dem Mann als Gatten wohl entsagen,
Wenn er als Liebender nur zieht am Siegeswagen.

Henriette.
O glaub' mir, daß ich nie ihn abzuwenden dachte
Vom Opfer, das er dir und deinen Reizen brachte;
Ich nehme das nur, was du selber nicht gewollt,
Die Huldigung, die jetzt sein zärtlich Herz mir zollt.

Armande.
Und glaubst du denn, das sei ein sicherer Gewinn,
Was ein Verstoßner bringt mit aufgeregtem Sinn?
Daß du ein treues Herz an ihm dir hast erworben,
Daß seine Gluth für mich sei gänzlich schon erstorben?

Henriette.
Er sagt es, Schwester; und ich glaube, was er spricht.

Armande.
Wer klug ist, rath' ich, trau dem Wort der Männer nicht!
Die Liebe, die er jetzt dir hoch und theuer schwört,
Kann eine Täuschung sein, mit der er sich bethört.

Henriette.
Ich weiß es nicht; doch wenn mein Vorschlag dir gefällt,
Dann, Schwester, wird gar leicht das Dunkel aufgehellt.

Denn sieh, da kommt er selbst: er kann in diesen Dingen
Uns allen beiden gleich vollkommnen Aufschluß bringen.

Zweiter Auftritt.

Clitander. Armande. Henriette.

Henriette.
Clitander, wollten Sie wohl so gefällig sein,
Durch ein Geständniß mich von Zweifeln zu befrein,
Die mir die Schwester bringt? O sagen Sie es offen:
Wer von uns beiden darf auf Ihre Liebe hoffen?

Armande.
Nein, nein! Das will ich nicht, daß man so in Sie dringe,
Sie Ihr geheimstes Herz uns zu enthüllen zwinge.
Ich schone Sie, denn schwer ist's, Red' und Antwort stehn,
Wenn uns die Frager scharf dabei in's Auge sehn.

Clitander.
Verstellung war von je von meiner Seele fern;
Den Aufschluß, den man wünscht, mein Fräulein, bring' ich gern.
Es macht ein solcher Schritt mich keineswegs verlegen,
Und offen tret' ich hier und frei der Frag' entgegen
Und sage, daß das Band, das jetzt mein Herz umfängt,
<small>(auf Henriette zeigend)</small>
Daß Lieb' und Sehnsucht mich nach dieser Seite drängt.
Ich hoffe, daß darob mein Fräulein mir nicht grollt,
Denn selber haben Sie die Sache so gewollt.
Ich hing an Ihrem Reiz, mein Seufzen zeigte klar,
Wie fest und stark mein Herz an Sie gefesselt war;
Und doch, obgleich die Gluth in hellen Flammen schlug,
Schien die Eroberung für Sie nicht gut genug.
Verachtung konnt' ich oft im Blick des Auges lesen,
Des Auges, das für mich stets ein Tyrann gewesen!
Da endlich ward ich müd und suchte mich zu retten
In ein gelindres Joch, zu minder schweren Ketten.

Ich fand, mein Fräulein, sie in dieses Auges Schimmer,
(auf Henriette zeigend)
Das, leuchtend wie ein Stern, mir strahlt für jetzt und immer.
Es hat mit mildem Blick getrocknet meine Zähren
Und wußte das, was Sie versagten, zu gewähren;
So seltne Güte hat auf's Tiefste mich bewegt,
Daß leicht die Kette scheint, die ich mir angelegt.
Nur eine Bitte wag' ich noch an Sie zu richten,
Daß Sie von jetzt an ganz auf den Versuch verzichten,
An sich zurückzuziehn ein Herz, das, hingegeben
Der andren Liebe, sich ihr weiht für's ganze Leben.

Armande.

Wer sagte denn, mein Herr, daß man daran nur denkt,
Und daß man sich so sehr um Ihre Liebe kränkt?
Ich find' es lächerlich, daß Sie die Hoffnung nähren,
Und find' es unverschämt, daß Sie es mir erklären.

Henriette.

Ei, Schwester, sachte doch! Wo ist des Geistes Macht,
Die unser sinnlich Theil mit Sorgfalt stets bewacht,
Die nie dem Zorn erlaubt, daß er die Schranken bricht?

Armande.

Uebst du die Weisheit denn, wovon die Zunge spricht,
Da du die Huldigung der Liebe angenommen,
Eh von den Eltern du Erlaubniß hast bekommen?
Es unterwirft die Pflicht dich dem, was sie befehlen,
Und lieben darfst du den nur, den sie dir erwählen;
Sie haben auf dein Herz ein unbeschränktes Recht,
Daß deinem eignen Sinn du folgst, das nenn' ich schlecht.

Henriette.

Ich muß dir großen Dank für deine Güte bringen,
Daß du den Weg der Pflicht mir zeigst in diesen Dingen.
Nach deiner Weisung richt' ich mein Betragen ein
Und um zu zeigen, wie ich dir will folgsam sein,

Sind ich, Chrysander, Sie, daß Sie vor Allem lieben
Noch deren Testamenten, die mir gesichert das Leben.
Damit sich treu Ihr Recht an meine Liebe gründet:
Das wird ein Mittel sein, zu lieben ohne Sünde.

Chrysander.

Ich will mit allem Fleiß, mein Fräulein, darauf sinnen,
Denn hoffen darf ich dann, Ihr Jawort zu gewinnen.

Armande.

Du, Schwester, triumphirst und scheinst wohl gar zu denken —
Wie deine Miene sagt —, es könne dies mich kränken?

Henriette.

Nein, Schwester, keineswegs! Ist es mir doch bekannt,
Daß die Vernunft bei dir der Sinne Willkür bannt,
Daß durch die Lehre, die mit Weisheit dich durchdringt,
Dein Geist sich hoch empor ob jeder Schwachheit schwingt.
Ja, weit davon entfernt, der Mißgunst dich zu zeihn,
Hoff' ich sogar, du wirst mir gerne Hülfe leihn,
Du wirst mit deinem Wort sein Werben unterstützen
Und durch Beschleunigung des Hochzeitstags mir nützen.
Drum, Schwester, bitt' ich dich, du wollest dahin zu streben . . .

Armande.

Es scheint, dein kleiner Geist will sich dem Spott ergeben,
Und stolz macht dich ein Herz, das ich dir warf dahin.

Henriette.

Dies Herz, das du verwarfst, wär' jetzt dir ein Gewinn!
Und wäre Hoffnung, gern errängest du es dir wieder
Und blicktest dich darum wohl bis zur Erde nieder!

Armande.

Ich laß mich nicht herab, ein Wort darauf zu sagen,
Denn das sind Reden, die mein Ohr nicht kann ertragen.

Henriette.
Da thust du recht, und voll Bewundrung muß ich schweigen
Ob dieser Mäßigung, die dir's beliebt zu zeigen.

Dritter Auftritt.
Clitander. Henriette.

Henriette.
Die Schwester hat, wie's scheint, Ihr offnes Wort empört.

Clitander.
O sie verdient's, daß sie einmal die Wahrheit hört;
Es gibt ihr närr'scher Stolz und ihre Eitelkeit
Mir, denk ich, Recht genug zu meiner Offenheit.
Jedoch, mein Fräulein, jetzt eil' ich zum Vater hin.

Henriette.
Der Mutter Beifall wär' ein größerer Gewinn!
Mein Vater ist ein Mann, der Alles stets verspricht;
Jedoch, was er beschließt, hat leider kein Gewicht.
Der Himmel schuf sein Herz so sanft und mild und gut,
Daß, was die Frau befiehlt, er stets gefällig thut.
Sie führt das Regiment; ihr Will' ist unumschränkt
Und macht das zum Gesetz, was sie zu thun gedenkt.
Für sie und für die Muhm', ich will es nur gestehn,
Möcht' ich bei Ihnen gern mehr güt'ge Nachsicht sehn.

Clitander.
Zu offen war ich stets, um je darauf zu sinnen,
Armandens Liebe mir durch Schmeicheln zu gewinnen;
Und die gelehrten Frau'n, sie sprechen mich nicht an.
Gern mag ich, daß ein Weib gar manches weiß und kann,

Doch will in meinen Sinn das Streben nicht hinein,
Daß es gelehrt sich macht, nur um gelehrt zu sein.
Ich lieb' es, wenn die Frau'n bei manchen Dingen schweigen,
Und wenn sie wissen, selbst ihr Wissen nicht zu zeigen;
Wenn sie ihr Studium nicht einem jeden nennen,
Und wenn nicht jeder weiß, was sie verstehn und kennen;
Wenn sie Autoren nicht citir'n und Phrasen machen,
Und nicht stets geistreich sind bei den geringsten Sachen.
Voll Ehrfurcht werd' ich stets für Ihre Mutter sein,
Doch auf die Thorheit, die sie treibt, geh' ich nicht ein;
Ich kann kein Echo sein von Allem, was sie spricht,
Und Lob und Weihrauch streu ich ihrem Helden nicht.
Denn ihr Herr Trissotin ist keineswegs mein Mann, [1)]
Und mich verdrießt's, daß sie so für ihn schwärmen kann,
Daß sie ihn zum Genie sogar uns will erheben,
Ihn, dessen Schreiberei'n nur Stoff zum Spotte geben,
Den Tropf, den Stümper, der da glaubt, sein Druckpapier,
Das überall man sieht, sei jedes Ladens Zier.

Henriette.

Ich stimme dem ganz bei, was Sie von ihm mir sagen;
Das, was er schreibt und spricht, ist gar nicht zu ertragen.
Doch da die Mutter ihm so viel Verehrung weiht,
So bitt' ich, üben Sie auch etwas Duldsamkeit.
Denn wo man liebt, da sucht man doch auch zu gefallen,
Und schmeichelt sich in Gunst und Freundschaft ein bei Allen;
Ja, daß von keiner Seit' ein Widerspruch sich zeigt,
Macht man den Haushund selbst sich gnädig und geneigt. [2)]

Clitander.

Sie haben Recht; wär' nur Herr Trissotin kein Mann,
So unausstehlich, daß ich ihm nicht schmeicheln kann!
Entehren würd' es mich, wollt' ich ein Loblied singen
Auf seine Schriften, nur um Gunst mir zu erringen.
Durch sie ward ich zuerst mit der Person vertraut,
Ich kannt' ihn schon, bevor mein Aug' ihn noch geschaut.
Ich fand in alle dem, was er uns gibt zu lesen,
Wie groß und breit sich macht sein steif pedant'sches Wesen,

Wie unerschütterlich die Meinung, die er hegt
Von sich und dem Verdienst, das er zur Schau stets trägt;
Wie voll von Selbstgefühl sein stolzes Antlitz lacht,
Und wie er selbst sich dankt für Alles, was er macht.
Gewiß, das Lob, das er sich spendet, tauscht er nicht
Mit allen Lorbeern, die ein Feldherr sich ersicht.

Henriette.
Ihr Blick, mein Herr, ist scharf, das muß man eingestehn.

Clitander.
Ich hab' im Geiste selbst sein Antlitz schon gesehn,
Denn an dem Vers, womit er in's Gesicht uns schlägt,
Kannt' ich die Miene gleich, die solch ein Dichter trägt.
Sein Aeuß'res war schon so im Voraus mir bekannt,
Daß, als ich einen Herrn jüngst im Palaste fand, ³)
Sogleich ich wettete, der Dichter müss' es sein
In eigener Person, und wirklich traf es ein.

Henriette.
Sie scherzen!

Clitander.
Nein, gewiß! Ich bitte, mir zu glauben.
Doch Ihre Tante kömmt; Sie werden mir erlauben,
In unsern Liebesbund sogleich sie einzuweihn,
Denn bei der Mutter kann sie uns von Nutzen sein.

Vierter Auftritt.
Belise. Clitander.

Clitander.
Gestatten Sie, Madam, daß heiß von Lieb' entfacht,
Mein Herz den Augenblick sich hier zu Nutze macht,
Und Ihnen sich entdeckt in seiner ganzen Fülle...

Belise.
O sachte! Daß es nur sich nicht zu sehr enthülle!
Erlaub' ich, daß Sie mir der Liebe Huld'gung weihn,
So muß des Auges Blick die einz'ge Sprache sein.
Doch daß in Worten nie sich mir der Wunsch entfalte,
Den für beleidigend und für gemein ich halte!
Ja, lieben Sie mich nur, für meinen Reiz entbrannt,
Doch werd' es nimmermehr durch Worte mir bekannt!
Ich schließ' ein Auge wohl, wenn Sie im Stillen lieben,
So lang die Zunge stumm in diesem Punkt geblieben;
Doch wenn sie sich erkühnt und laut von Liebe spricht,
Verbannn' ich Sie, mein Herr, aus meinem Angesicht.

Clitander.
Sie nehmen fast zu sehr sich meiner Sorgen an,
Denn Henriette ist's, die dieses Herz gewann,
Und flehend bitt' ich Sie, gefällig mir zu sein
Und Ihren Beistand mir in diesem Punkt zu leihn.

Belise.
Die Ausflucht ist geschickt, man kann sie geistreich nennen;
Sie ziehn sich gut heraus, das muß ich anerkennen.
In den Romanen, die bis jetzo mir bekannt,
Ist kaum ein Liebender so fein und so gewandt.

Clitander.
Nicht doch! Es ist kein Scherz; Madam, auf Ehre nicht!
Des Herzens Meinung ist's, die hier ganz offen spricht.
Zu Henriettens Reiz hat sich mein Herz gewandt,
Der Himmel selber hat mir diese Gluth gesandt.
Henriettens Schönheit ist's, der ich mich hingegeben,
Henriette meine Frau, das ist mein höchstes Streben!
Sie können viel dazu; drum ist mein heißes Flehn.
Mit Rath und That, Madam, uns hierin beizustehn.

Belise.
Ich sehe wohl, wohin sich Ihre Schritte lenken,
Was Sie im Stillen sich bei diesem Namen denken.

Die Wendung ist geschickt; doch daß in dieser Frage,
Was ich enthüllen kann, ich gleich aufrichtig sage:
Henrietten war von je ein Greu'l der Ehestand,
Drum wär' Ihr Herz für sie wohl stets umsonst entbrannt.

Clitander.
Ei sagen Sie, Madam, was soll der Wirrwarr sein?
Und warum bilden Sie, was doch nicht ist, sich ein?

Belise.
Nein, keinen Umschweif mehr! Warum sich länger wehren?
Nach dem, was lange schon mir Ihre Blick' erklären,
Sei es genug, damit zufrieden mich zu sehn,
Daß Sie sich fein und hübsch auf Anspielung verstehn,
Daß Sie, dadurch geschützt, mir manches durften sagen,
Was ohne dies ich nie und nimmer hätt' ertragen!
Denn reine Flammen nur, verklärt durch Ehrbarkeit,
Duld' ich auf dem Altar, den mir die Liebe weiht.

Clitander.
Doch —

Belise.
Nein, nichts mehr! Mir scheint, daß dies genügen sollte;
Denn mehr hab' ich gesagt, als ich erst sagen wollte.

Clitander.
Sie irren sich!

Belise.
Genug! Sie machen mich erröthen.
Soll ich denn ganz und gar die Scham in mir ertödten?

Clitander.
Sie lieben? Hängen laß ich mich, wenn ich Sie liebe!

Belise.
Ich will nichts hören mehr von diesem heißen Triebe.

Fünfter Auftritt.

Clitander
(allein).

Sie mag zum Teufel gehn mit ihren Visionen!
Sah man in Weibern je so arge Tollheit wohnen?
Doch einem Andren muß ich diese Sach' empfehlen,
Nur möcht' ich den dazu, der bei Vernunft ist, wählen.

Zweiter Akt.

Erster Auftritt.

Ariste
(der noch mit Clitander, welcher fortgeht, spricht).

Die Antwort bring' ich schnell, so bald's geschehen kann;
Denn eifrig nehm' ich mich jetzt dieser Sache an. —
Wie viel weiß doch um Nichts ein Liebender zu sagen,
Wenn ihn mit Ungeduld des Herzens Wünsche plagen!

Zweiter Auftritt.

Ariste. Chrysale.

Ariste.
Sei, Bruder, mir gegrüßt.

Chrysale.
Du, Bruder, gleichfalls mir.

Ariste.
Und, Bruder, weißt du auch, was heut mich führt zu dir?

Chrysale.
Nein; aber wenn du willst, so bin ich gern bereit —
Ariste.
Clitander, denk' ich, kennst du schon seit langer Zeit.
Chrysale.
Gewiß; ich seh' ihn ein- und aus hier täglich gehn.
Ariste.
Gefällt er dir? Wie ist er bei euch angesehn?
Chrysale.
Als Mann von Geist und Herz, von Ehr' und guten Sitten,
Nur Wen'ge sind bei uns so gut wie er gelitten.
Ariste.
Ein zarter Wunsch von ihm ist's, der mich zu dir lenkt,
Drum freut mich's, daß dein Herz ihm seine Achtung schenkt.
Chrysale.
Auf meiner Tour nach Rom lernt' ich den Vater kennen.
Ariste.
Sehr wohl.
Chrysale.
Er war durchaus ein Edelmann zu nennen.
Ariste.
So sagt man.
Chrysale.
Meiner Treu, mit achtundzwanzig Jahr,
Und lebensfroh und frei, das war ein lustig Paar!
Ariste.
Ich glaub's.
Chrysale.
Wir liebten sehr die schönen röm'schen Damen;
Der Ehemann erschrak, wo wir in's Haus nur kamen.
Wir waren ganz berühmt!

Ariste.
    Was hab' ich da vernommen? —
Doch um auf das, weshalb ich hier, zurück zu kommen —

Dritter Auftritt.
(Belise tritt ganz leise herein und horcht).

Chrysale. Ariste.

Ariste.
Clitander läßt durch mich dich, lieber Bruder, wissen,
Daß von Henriettens Reiz sein Herz ganz hingerissen.

Chrysale.
Wie, meiner Tochter?

Ariste.
    Ja, er ist verliebt in sie;
Und solche Liebesgluth, wie diese, sah ich nie!

Belise
(zu Ariste herantretend).
Nein, nein! Ich merk' es schon: man täuscht euch, wie mir scheint. 4)
Damit verhält es sich ganz anders, als ihr meint.

Ariste.
Wie, Schwester?

Belise.
    Ja, es hat Clitander euch betrogen,
Es fühlt sein Herz sich ganz wo andershin gezogen.

Ariste.
Du sprichst im Scherz. Nicht Henriette soll' es sein?

Belise.
Gewiß nicht, nein.

Ariste.
    Er sagt's ja selbst, was fällt dir ein?

Belise.

Ja, er!

Ariste.

Du siehst, er selbst hat mir es aufgetragen,
Den Vater heute noch um ihre Hand zu fragen.

Belise.

Sehr gut!

Ariste.

Und nirgend läßt die Lieb' ihn ruhig weilen;
Er quält mich fort und fort, die Sache zu beeilen.

Belise.

Noch besser! Wahrlich schlau weiß er das Ding zu wenden.
Henriett' ist nur ein Scherz; greift ihr das nicht mit Händen?
Ein schlauer Vorwand nur, ein Schleier, der verhüllt
Die andre Liebe, die — ich weiß — sein Herz erfüllt;
Ich kann, wenn ihr es wollt, euch von dem Irrthum heilen.

Ariste.

Nun, wenn so viel du weißt, so bitt' ich mitzutheilen,
Wer jenes Fräulein ist, zu dem sein Sehnen geht.

Belise.

Ich bin's!

Ariste.

Wie, wer?

Belise.

Ich!

Ariste.

Du?

Belise.

Ich selbst, die vor euch steht!

Ariste.

Ach, Schwester!

Belise.

Ach? Was kannst du mit dem Ach da meinen?
Warum muß, was ich sag', erstaunenswerth dir scheinen?
Und wie kann, was ich sag', dir staunenswerth erscheinen?

Man ist noch hübsch genug, daß man wohl sagen kann, 5)
Es huldige uns gern ein jeder junger Mann.
Damis und Lycidas, Cleont und auch Dorant,
Sie alle dienen mir, von meinem Reiz gebannt.

Ariste.

Die alle lieben dich?

Belise.
Mit heißer Herzensgluth!

Ariste.

Sie sagten dir's?

Belise.
O nein! Sie hatten nicht den Muth;
Sie wußten mich zu sehr zu achten und zu schätzen,
Um nicht mein Zartgefühl durch Worte zu verletzen.
Doch ihres Herzens Gluth mir huldigend zu zeigen,
Genügt ein heißer Blick mit stummberedtem Schweigen.

Ariste.
Ich sehe Damis nie hierher die Schritte richten.

Belise.
Die Ehrfurcht läßt ihn stets auf den Besuch verzichten.

Ariste.
Mit scharfem Witz verfolgt dich überall Dorant.

Belise.
Das ist die Eifersucht, von der sein Herz entbrannt.

Ariste.
Cleont, auch Lycidas hat eine Frau genommen.

Belise.
Ja, durch Verzweiflung nur sind sie so weit gekommen.

Ariste.
Ach Schwester, ach! Das sind ja nichts als Schwindelein!

Chrysale.

Chimären sind's! Du mußt von ihnen dich befrein.

Belise.

Ah so! Chimären sind's! Chimären nennt ihr das!
Chimären! Ja, das Wort gefällt mir, ohne Spaß!
Von dem, was ihr entdeckt, bin ich ja ganz entzückt!
Nicht wußt' ich, daß ich von Chimären sei berückt.

Vierter Auftritt.

Chrysale. Ariste.

Chrysale.

Sie ist verrückt.

Ariste.

Und mehr wird sie's mit jedem Tage.
Doch kehren wir zurück zu jener andren Frage.
Um Henrietten will Clitander durch mich frein;
Was, Bruder, meinest du? Gingst du darauf wohl ein?

Chrysale.

Ei, fragst du noch? Ich bin's von Herzen gern zufrieden;
Viel Ehre wird durch die Verbindung uns beschieden.

Ariste.

Doch mußt du wissen auch, reich ist er grade nicht;
Jedoch —

Chrysale.

Auf diesen Punkt leg' ich nicht viel Gewicht,
An Tugend ist er reich, und das ist Schätze werth;
Sein Vater war mein Freund, wie ich dir schon erklärt.

Ariste.

Doch sprich mit deiner Frau, was die zur Heirat meint

Chrysale.

Warum? es ist genug, wenn mir sie passend scheint.

Ariſte.
Doch um ganz zweifellos das Jawort ihm zu ſagen,
Wär' es ſo übel nicht, ſie vorher doch zu fragen.
Gehn wir —

Chryſale.
Wozu? das wird, denk' ich, nicht nöthig ſein.
Ich ſage gut dafür, ich ſtehe für ſie ein.

Ariſte.
Indeß —

Chryſale.
Laß nur und fürchte nichts in dieſer Sache,
Gleich wirſt du ſehn, wie ich dazu geneigt ſie mache.

Ariſte.
Wohlan! Ich forſche nach, was Henriette meint,
Und komm zurück —

Chryſale.
Die Sach' iſt richtig, wie mir ſcheint;
Ich geh' zu meiner Frau, ſie darin einzuweihn.

Fünfter Auftritt.
Chryſale. Martine.

Martine.[6])
Da geht mir's ſchön! Es mag ein wahres Wort wohl ſein,
Wer ſeinen Hund ertränkt, der gibt für toll ihn aus,
Und wenig Glück iſt bei dem Dienſt in fremdem Haus.

Chryſale.
Was gibt's, Martine? Sag', warum denn ſo verzagt?

Martine.
Warum?

Chrysale.

Nun ja.

Martine.

Warum? Man hat mich fortgejagt.

Chrysale.

Wie so, dich fortgejagt?

Martine.

Madam that's, das ist wahr.

Chrysale.

Ei, das versteh' ich nicht.

Martine.

Ja Herr, man droht sogar,
Wenn ich sogleich nicht geh', daß Prügel mir beschieden.

Chrysale.

Nein, nein! du bleibst! Ich will's, ich bin mit dir zufrieden.
Du weißt, daß meine Frau gar hitzig von Natur,
Ich aber will das nicht, drum sag' ich: bleibe nur.

Sechster Auftritt.

Philaminthe. Belise. Chrysale. Martine.

Philaminthe.
(die Köchin bemerkend).

Wie, Schurkin, du noch hier? fort pack' dich auf der Stelle!
Daß ich dich nie mehr seh' auf meines Hauses Schwelle!

Chrysale.

Nur sachte!

Philaminthe.

Nein, ich will sie hier nicht länger sehn.

Chrysale.
Was hat sie denn gethan, was war denn ihr Vergehn?

Philaminthe.
Du stehst wohl gar ihr bei?

Chrysale.
Nein, ganz gewiß nicht, nein.

Philaminthe.
Du trittst als Advokat wohl gar noch für sie ein?

Chrysale.
Ich frage nur, worin sie sich so schlecht betragen?

Philaminthe.
Pfleg' ich denn ohne Grund die Diener fortzujagen?

Chrysale.
Das sag' ich nicht, doch hast du oftmals unsre Leute —

Philaminthe.
Ich sage: sie soll fort, ich will's, und das noch heute.

Chrysale.
Nun ja, es sei darum. Sag' ich denn was dagegen?

Philaminthe.
Es soll kein Mensch im Haus mir Hindernisse legen.

Chrysale.
Gewiß!

Philaminthe.
Und du, wärst du ein guter Ehemann,
Dann ständest mir du bei, nähmst ihrer dich nicht an.

Chrysale.
Das thu ich auch.

(Zu der Köchin)

Ja ja, man schickt dich fort mit Recht,
Spitzbübin! Was du thatst, ist unverzeihlich schlecht.

Martine.

Was hab' ich denn gethan?

Chrysale.

Mein Kind, das weiß ich nicht.

Philaminthe.

Sie sieht's wohl gar nicht ein, nach dem, was sie da spricht?

Chrysale.

Was ist's, was dich erbost? was hat sie denn gethan?
Zerschlug den Spiegel sie? zerbrach sie Porzellan?

Philaminthe.

Darum schickt' ich sie fort? O Mann, was fällt dir ein!
Um solche Kleinigkeit sollt' ich in Aufruhr sein?

Chrysale
(zu Martine).   (zu Philaminthe).

Was hör' ich da? — Die Sach' ist also von Gewicht?

Philaminthe.

Gewiß, denn ohne Grund ereifre ich mich nicht.

Chrysale.

Wie! ließ sie aus dem Haus nachlässig etwas stehlen?
Hast du vielleicht bemerkt, daß Silbersachen fehlen?

Philaminthe.

Das wäre Nichts.

Chrysale.

Oho! das möcht' ich doch nicht sagen!
Wie! hat sie selbst wohl gar uns etwas weggetragen?

Philaminthe.

Viel Schlimmeres.

           Chrysale.
Als das?

            Philaminthe.
              Wenn's das nur war!
             Chrysale
   (zu Martine).   (zu Philaminthe).
Was Teufel, Schurkin du! — Wie, hat sie etwa gar...

           Philaminthe.
Sie hat — o denke dir, wie sehr es mich entsetzt! —
Trotz allem Unterricht auf's Neu mein Ohr verletzt;
Hat ein gemeines Wort unpassend angewandt,
Das längst der Sprachgebrauch, der gute Ton verbannt.

            Chrysale.
Das also ist's?

           Philaminthe.
            Ja sieh! Trotz aller ernsten Mahnung
Hat sie von Wissenschaft nicht die geringste Ahnung,
Noch von Grammatik, die doch mit Gesetzes Kraft
Aus Königen sogar sich Unterthanen schafft. 7)

            Chrysale.
Der schlimmsten Frevel schon glaubt' ich sie überwiesen.

           Philaminthe.
Du meinst, was sie verbrach, gehöre nicht zu diesen?
Sie zu entschuld'gen, wag' es nur ein Wort zu sagen.

            Chrysale.
Da hüt' ich mich.

            Belise.
           Die Sach' ist gar nicht zu ertragen,
Da sie schon hundertmal von mir ward unterrichtet
Und doch die Konstruktion auf's neue stets vernichtet.

Martine.
Madam, das Alles mag gar schön und richtig sein,
Doch will in meinen Mund kein Kauderwelsch hinein.

Philaminthe.
Du freche Dirne, wagst das Kauderwelsch zu nennen,
Was Usus und Vernunft als richtig anerkennen?

Martine.
Es redet einer gut, wenn er verständlich spricht,
Die schöne Rednerei, zu gar nichts dient sie nicht.

Philaminthe.
Da sieht man es, wie sie das Sprachgesetz zerstört!
Zu nichts nicht dient, ist nicht der Frevel unerhört?

Belise.
Gelingt es mir denn nie zum Richt'gen dich zu leiten?
Es darf ein Negativ ja nie das Nichts begleiten,
Denn zweimal nicht, ich sagt' es oft dir, ist zu viel;
Man kommt trotz aller Müh' mit dir ja nie zum Ziel.

Martine.
Mein Gott, ich hab' auch nicht das Studium gestudirt,[8)]
Wie mir der Schnabel wuchs, so sprech' ich ungenirt.

Philaminthe.
Ist's auszuhalten? Sprecht!

Belise.
Wer kann das länger hören!

Philaminthe.
Muß das ein zartes Ohr auf's Tiefste nicht empören?

Belise.
Hab' ich dir nicht gesagt: Ein fremdes Wort auf iren
Darfst du im Particip auf ge nicht redupliren!
Das kommt davon, daß man versäumt die Analyse.

Martine.

Die Anne kenn' ich wohl, doch kenn' ich nicht die Liese.

Belise.

Mein Gott, du hast ja ganz verkehrt das Wort genommen,
Fragst du denn nie darnach, woher die Wörter kommen?

Martine.

Sei's von Lyon, von Tours, von Havre, von Bordeaux,
Mir ist es einerlei.

Belise.

Mein Gott, wie ist sie roh!
Durch Analyse lernt man die Gesetze finden,
Wonach sich Substantiv und Verb' im Satz verbinden.

Martine.

Das kann wohl sein, Madam, doch muß ich nur gestehn,
Ich kenn' die Leute nicht, ich hab' sie nie gesehn.

Belise.

Es sind ja Nomina, und stets muß man sich fragen,
Wie sie zusammen sich in einem Satz vertragen.

Martine.

Mir ist es gleich, ob sie sich küssen oder prügeln.

Philaminthe.

Mich dünkt, es wäre Zeit, das lose Maul zu zügeln!
(Zu Chrysale)
Und noch erlaubst du nicht, daß sie von dannen geht?

Chrysale.

Gewiß! Ich gebe nach, wenn so die Sache steht.
(Zu Martine)
Komm', reize sie nicht mehr, mein Kind, und gehe nun.

Philaminthe.

Was! fürchtest du noch gar, es möcht' ihr wehe thun?
Du führst ja einen Ton, höchst artig und gelind.

Chrysale

Ich? nicht doch!

   (zu Martine, heftig).   (mit sanfterem Ton).
  Wird Sie gehn? — Geh hin nur, geh, mein Kind!

Siebenter Auftritt.

Philaminthe. Chrysale. Belise.

Chrysale.

Du bist befriedigt, sie verbannt von hier zu sehn,
Doch ich bin nicht erbaut von dem, was da geschehn;
Denn gut versteht sie sich auf ihre Küchensachen,
Und nun schickst du sie fort, aus einem Grund — zum Lachen.

Philaminthe.

Soll ich in meinem Dienst ein solches Wesen leiden,
Das unaufhörlich strebt, das Ohr mir zu zerschneiden?
Damit es ungestraft die ewigen Gesetze
Des richt'gen Sprachgebrauchs mir frech und roh verletze?
Das schlechte Wörter braucht, die auf dem Markt man hört,
Das Anstand und Gefühl durch Barbarei empört?

Belise.

Ihr Reden quält mich so, daß ich's nicht mehr ertrage,
Die Regeln Vaugelas' verletzt sie alle Tage;
Wenn sie in's Plaudern kommt, ist's ihr ganz einerlei,
Ob es Kakophonie, ob Pleonasmus sei.

Chrysale.
Was schadet's denn, ob sie der Regeln Zwang vergißt,
Wenn in der Küche sie am rechten Platze ist?
Ich mag es lieber sehn, wenn sie Kartoffeln schält,
Daß sie zum Substantiv ein falsches Verbum wählt,
Daß mit verkehrtem Wort sie manches Ding benennt,
Als daß die Suppe mir versalzt wird und verbrennt.
Denn davon leb' ich, doch von schönen Phrasen nicht,
Und nach dem Vaugelas kocht man kein Leibgericht;
Malherb' und Balzac, groß als Redner und als Dichter,
Sie wär'n am Küchenherd gewaltig kleine Lichter.

Philaminthe.
Muß solche Rohheit nicht auf's Tiefste mich empören?
Von Jemand, der ein Mensch sein will, das anzuhören!
Sich stets zu neigen nur zu materiellen Dingen
Und zu des Geistes Höhn sich nie empor zu schwingen!
Der Leib, das Lumpending, hat es die Wichtigkeit?
Verdient er, daß man ihm so viele Sorge weiht?
Viel besser, scheint mir, wär's, ihn ganz bei Seit' zu legen.

Chrysale.
Mein Leib, der bin ich selbst! drum möcht' ich gern ihn pflegen.
Ein Lumpending? Mag sein! doch ist das Ding mir wichtig.

Belise.
Die Antithese: Leib und Geist ist schön und richtig;
Doch, Bruder, wenn du hörst, was alle Weisen sagen,
Muß hoch empor der Geist stets ob dem Körper ragen,
Und unser höchstes Ziel und unser schönstes Streben
Muß immer sein, ihm Milch der Wissenschaft zu geben.

Chrysale.
Mein Seel, wenn du nur denkst auf Nahrung für den Geist,
So ist das eine Kost, die sich sehr dünn erweist,
Und wenn dich niemals quält der Pflichten hartes Muß,
Da hast du keine Noth und kein Bekümmerniß. 9)

Philaminthe.

Bekümmernuß! wie hart klingt dieses Wort dem Ohr,
Ein Wort, das lange schon sich im Gebrauch verlor.

Belise.

Ja, das ist wahr, auch mir erscheint es zu geschraubt.

Chrysale.

Hört! so geduldig bin ich nicht, wie ihr wohl glaubt!
Jetzt wird es mir zu toll, ich halt's nicht länger aus,
Und da der Kamm mir schwillt, so soll es denn heraus:
Daß ihr voll Narrheit steckt, hört man von einem Jeden.

Philaminthe.

Wie? was?

Chrysale
(zu Belise).

Du Schwester, bist's, mit der ich möchte reden.
Bei jedem falschen Wort schreist du sogleich empor;
Doch kommt in deinem Thun gar mancher Schnitzer vor.
Die ew'gen Bücher stehn mir lange schon im Wege;
Bis auf Plutarch, in den ich meine Hemdchen lege,
Säh' ich den Plunder gern am Küchenfeuer schmoren.
Laß du die Wissenschaft doch lieber den Doktoren!
Das lange Fernrohr auch, das auf dem Boden steht,
Das Jedem bange macht, der dran vorübergeht,
Und all die Instrument' und sonst'gen Siebensachen!
Studire nicht, was dort im Mond die Leute machen,
Doch sieh ein wenig zu, wie hier die Dinge stehn;
Es scheint mir etwas kraus und bunt hier herzugehn.
Für passend gilt es nicht, und zwar aus gutem Grunde,
Daß jedes Ding ein Weib erforsche und erkunde.
Der Kinder Herz und Geist zur Sittsamkeit zu lenken,
Das Hausgesind' und dann die Wirthschaft zu bedenken,
Mit weiser Sparsamkeit nichts unnütz auszugeben,
Das sei ihr Studium, das sei ihr geist'ges Streben.

Die Väter sahn, mich dünkt, die Sache richtig an;
Sie meinten, daß ein Weib genug stets weiß und kann,
Wenn ihre Wissenschaft zu solcher Höhe geht,
Daß sie den Unterschied von Hos' und Rock versteht. 10)
Die Frauen jener Zeit, die waren unbelesen,
Doch dafür liebten sie ein häuslich stilles Wesen;
Statt Bücher hatten sie die Nadel in der Hand
Und selber nähten sie der Tochter Brautgewand.
O wie ganz anders ist's mit unsren heut'gen Damen!
Die treiben Schreiberei, erstreben einen Namen
Und stecken überall die Nase klug hinein;
Besonders scheint mir dies allhier der Fall zu sein.
Man forscht in jedem Punkt nach Einsicht und nach Licht,
Doch was man wissen soll, das, leider, weiß man nicht.
Man sucht die Bahn des Monds, der Sterne zu verstehn,
Der Venus und des Mars, wo nichts für uns zu sehn,
Und bei der Wissenschaft, die auf zum Himmel fliegt,
Denkt man nicht an den Topf, der mir am Herzen liegt.
Ja, das Gesinde selbst studirt, euch zu Gefallen;
Doch was zu thun er hat, thut keiner mehr von Allen.
Die Lehre der Vernunft treibt jeder hier im Haus,
Doch ach! die Lehre treibt mir die Vernunft hinaus.
Das Fleisch verbrennt im Topf, dieweil man lernt Geschichte,
In's Feuer läuft die Brüh' beim Lesen der Gedichte: —
Kurz, alle machen's so, wie ihr's verlangt von ihnen,
Und Diener hab' ich wohl, doch keine, die mir dienen.
Nur eine arme Magd, die war mir noch geblieben,
In die den Unsinn ihr noch nicht hineingetrieben,
Und siehe da! man jagt mit großem Lärm sie fort,
Weil falsch sie angewandt ein mißverstand'nes Wort.
Ich sag' euch, daß ich nicht die Wirthschaft mehr ertrage,

(Zu Belise)

Du aber, Schwester, bist's, der ich's vor Allen sage.
Auch das latein'sche Volk, ich will's nicht länger sehn,
Besonders Trissotin, der mag zum Teufel gehn.

Er ist's, der euch den Kopf mit Unsinn hat bethört;
Noch kein vernünft'ges Wort hab' ich von ihm gehört.
Denn was er sagt, ist nichts, spricht er's auch noch so wichtig;
Ich glaube, unter uns, bei ihm ist's nicht ganz richtig.

Philaminthe.

O Gott, wie roh du bist! die Sprache bringt mich um.

Belise.

Gab's aus so schwerem Stoff je ein Compositum? [11)]
Nur auf's Gemeine geht dein bürgerlicher Sinn.
O schrecklich, daß mit dir ich eines Ursprungs bin!
Daß du mein Bruder seist, ich will's nicht länger leiden,
Drum such' ich schamerglüht dein Angesicht zu meiden.

Achter Auftritt.

Philaminthe. Chrysale.

Philaminthe.

Ist's nun vorbei, hast du noch was hinzuzufügen?

Chrysale.

Ich? nein. Der Streit mag ruhn; für diesmal soll's genügen.
Zu etwas Andrem jetzt! Es scheint mir, daß Armande
Sich nicht entschließen kann zum ehelichen Stande,
Denn Philosophin ist sie: sei sie's meinetwegen, —
Du willst es so, und ich, ich habe nichts dagegen.
Doch Henriette scheint ganz anders mir gesinnt,
Und sorgen müssen wir wohl für das gute Kind.
Ich denk', es wär' ein Mann —

Philaminthe.

Dran hab' ich schon gedacht,
Und höre, welchen Plan ich mir dazu gemacht.
Herr Trissotin, wenn ihr ihn auch nicht gerne seht,
Und der vor allem dir, so scheint es, widersteht,
Das ist der Mann, den ich zum Schwiegersohn ernenne,
Weil ich viel mehr als ihr des Mannes Werth erkenne.
Ganz überflüssig ist's, dagegen anzugehn,
Denn ich beschloß es so, und darum soll's geschehn.
Du aber sprichst kein Wort mit ihr von dieser Sache,
Damit ich eh'r als du ihr die Eröffnung mache.
Wenn sie sich widersetzt, will ich sie schon besiegen,
Und wissen werd' ich's auch, wenn du nicht hast geschwiegen.

Neunter Auftritt.

Ariste. Chrysale.

Ariste.

Nun, Bruder, sie ist fort; wie hat es sich gemacht,
Hast du in dem Gespräch den Antrag angebracht?

Chrysale.

Ja.

Ariste.

Was ist der Erfolg? Wird Henriette siegen?
Stimmt sie uns bei? Ist's gut, wie jetzt die Sachen liegen?

Chrysale.

Nicht ganz.

Ariste.

Verweigert sie's?

Chrysale.

Ach nein.

Ariſte.
So ſage doch!
Hat ſie noch nichts beſtimmt und ſchwankt ſie etwa noch?

Chryſale.
Das nicht; jedoch ſie will, es ſoll ein Andrer ſein.

Ariſte.
Ein andrer Schwiegerſohn? Was fällt der Frau denn ein!
Und wer?

Chryſale.
Herr Triſſotin.

Ariſte.
Was! Triſſotin doch nicht ..

Chryſale.
Ja, der ſtets von Latein und von Gedichten ſpricht!

Ariſte.
Und du, du willigſt ein?

Chryſale.
Behüte! nimmermehr!

Ariſte.
Was ſagteſt du dazu?

Chryſale.
Nichts, und ich freu' mich ſehr,
Daß ich kein Wort geſagt, und mich zu nichts verpflichtet.

Ariſte.
Das iſt ein ſchöner Grund! Du haſt viel ausgerichtet!
Haſt du ihr wenigſtens Clitander vorgeſchlagen?

Chryſale.
Da ſie vom Andern ſprach, ſo durft' ich das nicht wagen;
Für beſſer hielt ich es, nicht weiter vorzugehn.

Ariſte.
O ſeltne Vorſicht das! Man muß es eingeſtehn.

Schämst du dich nicht, Chrysale? du bist ja ganz erschlafft!
Mein Gott, er ist ein Mann und hat so wenig Kraft,
Daß seine Frau ihn stets mit dem Pantoffel zwingt,
Und was sie auch verlangt, er fügt sich unbedingt.

Chrysale.

Ach Gott, du sprichst davon mit viel Behaglichkeit,
Du weißt nicht, wie der Lärm mir in die Ohren schreit.
Ich liebe Fried' und Ruh vor Allem auf der Welt,
Und schrecklich ist die Frau, wenn sie der Zorn befällt.
Auf philosoph'schen Sinn legt sie ein groß Gewicht,
Doch sanfter ist sie drum und milder wahrlich nicht,
Und ihre Lehre vom Verachten ird'schen Gutes
Hat keinen Einfluß auf Besänft'gung ihres Blutes.
Wenn man dem widerspricht, worauf sie sich gesteift,
O wie acht Tage lang der Sturm dann grausig pfeift!
Kommt sie in diesen Ton, dann bleibt nichts mehr zu machen,
Dann zittr' und bebe ich, denn sie wird dann zum Drachen.
Und doch verlangt sie noch bei aller Teufelei,
Daß ich sie „Herzchen" nenn' und voller Sanftmuth sei.

Ariste.

Geh' mir! denn unter uns, du selbst bist Schuld daran.
Von deiner Feigheit kommt's, daß sie die Macht gewann,
Aus deiner Schwäche weiß sie ihre Kraft zu ziehn,
Du selber bist es, der die Herrschaft ihr verliehn.
Bei ihrem Uebermuth schweigst du bescheiden still,
Und an der Nase führt sie dich, wohin sie will.
Du bist ihr Sklav' und Knecht, doch siehst du das nicht ein.
Hast du denn nicht den Muth, einmal ein Mann zu sein?
Den Widerstand der Frau mit Festigkeit zu brechen
Und mit bestimmtem Ton das Wort: Ich will' s! zu sprechen?
Geduldig gibst du zu, daß jener Faselei
Die Tochter, die du liebst, ein schuldlos Opfer sei?
Daß bald ein Narr dein Geld in seinen Säckel schnürt,
Nur weil er stets im Mund latein'sche Brocken führt?

Den deine Frau, wiewohl man als Pedant ihn kennt,
Den Philosophen nur, den großen Schöngeist nennt,
Mit dem in Poesie, nach ihr, sich Niemand mißt,
Obgleich, wie jeder weiß, er nur ein Stümper ist?
Ich sag' es noch einmal: zum Spott ist diese Sache,
Und du verdienst es ganz, daß dich die Welt verlache.

Chrysale.

Ja, Bruder, du hast Recht; ich seh' es selber ein,
Und fester gegen sie will ich von jetzt an sein.

Ariste.

Dran thust du wohl.

Chrysale.

Gewiß, es ist gar sehr betrübt,
Wenn über ihren Mann die Frau die Herrschaft übt!

Ariste.

Ganz recht.

Chrysale.

Schon lang mißbraucht sie meinen milden Sinn.

Ariste.

Gewiß.

Chrysale.

Sie weiß zu gut, daß ich nachgibig bin.

Ariste.

So ist's.

Chrysale.

Noch heute soll sie sehn, daß ich kein Knabe,
Daß meine Tochter mein, daß ich die Herrschaft habe
Und einen Eidam will, der meinem Sinn behagt.

Ariste.

So recht! Jetzt thust du das, was ich dir längst gesagt.

Chrysale.

Du kennst Clitander, weißt gewiß auch, wo er weilt,
O sorge doch, daß er zu mir herüber eilt!

Ariste.

Ich thu es gleich.

Chrysale.

Zu lang sah ich's geduldig an,
Und aller Welt zum Trotz zeig' ich mich jetzt als Mann!

Dritter Akt.

Erster Auftritt.

Philaminthe. Trissotin. Armande. Belise. Henriette.

Philaminthe.
Ach, setzen wir uns hier, zu schlürfen mit Genuß
Die Verse, die man Wort für Wort erwägen muß.

Armande.
Ich brenn' in Ungeduld!

Belise.
Ich sterbe vor Verlangen!

Philaminthe.
(zu Trissotin).
Denn Wonne war mir's stets, wenn Ihre Lieder klangen.

Armande.
Mir sind sie Himmelsbrod, ich zieh' sie Allem vor.

Belise.
Sie sind ein Götterschmauß für mein entzücktes Ohr.

Philaminthe.
Geschwinde, daß wir nicht in Sehnsucht uns verzehren.

Armande.

O eilen Sie!

Belise.

Geschwind, die Freud' uns zu gewähren.

Armande.

Ich schmachte sehnsuchtsvoll nach Ihrem Epigramm.

Trissotin. [12]

Ach kaum geboren erst ist dieses Kind, Madam,
Um Mitleid für sein Loos fleh' ich auf's neue wieder:
In Ihrem Hofe kam ich eben damit nieder.

Philaminthe.

Mir ist es lieb und werth, weil Sie der Vater sind.

Trissotin.

Ihr Wohlgefallen dient als Mutter für das Kind.

Belise.

Wie geistreich!

Zweiter Auftritt.

Die Vorigen. Lepine.

Philaminthe.
(zu Henrietten, die weggehen will).

Gehst du fort? Warum willst du's nicht hören?

Henriette.

Ich möchte doch nicht gern die Unterhaltung stören.

Philaminthe.

Komm näher nur, daß dein entzücktes Ohr vernimmt
Die Wunder, die die Gunst des Schicksals uns bestimmt.

Henriette.

Es fehlt mir leider ganz an Urtheil für Gedichte,
Drum scheint's vernünftiger, daß ich darauf verzichte.

Philaminthe.
Gleichviel, bleib du nur da. Wenn wir nachher allein,
Weih' ich in etwas, das von Wichtigkeit, dich ein.

Trissotin
(zu Henriette).
Beherrschet Sie auch nicht der Reiz der Wissenschaft,
So herrschen Sie doch selbst durch Ihrer Reize Kraft.

Henriette.
Nein, beides nicht, mein Herr; ich fühle kein Verlangen.

Belise.
Das neugeborne Kind! ich bitte anzufangen.

Philaminthe
(zu Lepine).
Du, Bursche, setze rasch die Sessel hin für Alle.
(Er thut's und stolpert dabei zu Boden.)
Da sieh, wie ungeschickt! — Ist's möglich, daß man falle,
Wenn man sich eingeprägt den Satz vom Gleichgewicht?

Belise.
Den Grund, warum du fielst, erkennst du wohl gar nicht?
Das kommt, wenn man zu sehr vom Punkte sich entfernt
Der Gravitation, den du von mir gelernt.

Lepine.
Als ich am Boden lag, ward mir die Sache klar.

Philaminthe.
Der Tölpel!

Trissotin.
Glück für ihn, daß er von Glas nicht war!

Philaminthe.
Ah, stets voll Geist!
(Sie setzen sich.)

Belise.
Und nie versiegt des Witzes Quell!

Philaminthe
(zu Trissotin).

Den Ohrenschmauß, mein Herr, serviren Sie uns schnell.

Trissotin.

Acht Verse sind es nur, und diese Schüssel reicht
Nicht für den Hunger aus, der sich bei Ihnen zeigt.
Drum scheint es mir, es wär' so ganz unpassend nicht,
Wenn ich zum Epigramm noch gäb' ein Beigericht,
Und als Ragout ein klein Sonett servirte,
Das eine Fürstin jüngst als delicat goutirte;
Die Damen müssen nur zu viel sich nicht versprechen.

Armande.

O lesen Sie —

Philaminthe
Du sollst nicht stets ihn unterbrechen.

Belise
(die den Trissotin unterbricht, so oft er anfangen will zu lesen).

Ein wonniges Gefühl durchströmt schon meinen Busen,
Denn leidenschaftlich schwärm' ich für den Gott der Musen
Und für Gedichte, die Musik sind meinem Ohr.

Philaminthe.

Wenn ihr noch immer sprecht, bringt er kein Wort hervor.

Trissotin.

So . . .

Belise
(zu Henriette).

Schweig' doch still!

Armande.
So laß ihn endlich doch beginnen!

Triffotin.
Sonett an die Prinzessin Uranie, als sie das Fieber hatte. 19)

Die Vorsicht schläft, wie's scheint,
Dieweil mit solcher Pracht
Du hast Quartier gemacht
Für deinen bittren Feind.

Belise.
Wie ist der Anfang schön!

Armande.
Wie sanft die Verse rinnen!

Philaminthe.
Gewiß, nur ihm allein ist das Talent gegeben,
Mit leichter Grazie das Schwerste zu beleben. 14)

Armande.
„Die Vorsicht schläft", wie kühn, wie geistreich und wie fein!

Belise.
„Du hast Quartier gemacht", scheint mir voll Reiz zu sein.

Philaminthe.
Mich zieht besonders an: „da du mit solcher Pracht,"
Weil's scharf den Gegensatz zu jenem Fieber macht.

Belise.
Doch hört das Folgende.

Triffotin
(liest).

Die Vorsicht schläft, wie's scheint,
Dieweil mit solcher Pracht
Du hast Quartier gemacht
Für deinen bittren Feind.

Armande.
Die Vorsicht schläft!

Belise.
Mit solcher Pracht!
Philaminthe.
Du hast Quartier gemacht!
Trissotin
(liest weiter).
Schick' immerhin ihn fort
Aus deinem Prachtgemach!
Voll Undank Nacht und Tag
Sinnt er auf deinen Mord.
Belise.
Nur langsam, bitt' ich Sie, damit wir athmen können.
Armande.
O möchten Sie doch Zeit uns zur Bewundrung gönnen!
Philaminthe.
Bei solchen Versen fühlt man in der Seele Tiefen
Das innerste Gemüth von süßem Wohllaut triefen.
Armande.
Schick' immerhin ihn fort
Aus deinem Prachtgemach!
Wie glücklich ist das Wort „dein Prachtgemach" gefunden!
Wie sind die Silben drin zur Harmonie verbunden!
Philaminthe.
Schick' immerhin ihn fort!
Ach, dies: „Schick' immerhin", wie klingt es klar und helle!
Nach meiner Meinung ist's die allerschönste Stelle.
Armande.
Ja dies „Schick' immerhin" hat auch mein Herz gewonnen.
Belise.
Ich stimme bei, das „Schick'" ist fein und klug ersonnen.
Armande.
O hätt' ich es gemacht!
Belise.
Wie groß in seiner Kleinheit!

Philaminthe.
Empfindet ihr wie ich des Wortes ganze Feinheit?
Armande und Belise.
Oh, oh!
Philaminthe.
Schick' immerhin ihn fort!
Und wenn auch Jemand für des Fiebers Sache ficht,
So laß ihn reden nur, dich rührt es weiter nicht.
Schick' immerhin ihn fort! schick' immerhin!
Mir scheint: dies eine Wort schließt tausend Worte ein.
Belise.
Ja, groß ist dieses Wort, ob äußerlich auch klein!
Philaminthe.
(zu Trissotin).
Oh! als aus Ihrem Haupt entsprang dies „immerhin",
Erfaßten Sie gleich selbst den ganzen, vollen Sinn?
Empfanden Sie, sobald im Geist es sich gestaltet,
Die Fülle jener Kraft, die sich darin entfaltet?
Trissotin.
He! He!
Armande.
„Voll Undank Nacht und Tag" — ist auch nicht schlecht!
Das böse Fieber, das so roh, so ungerecht,
Just die mißhandeln muß, die ein Quartier ihm gaben!
Philaminthe.
Vortrefflich ist, was Sie bis jetzt gelesen haben,
Drum lassen Sie uns rasch zu den Terzetten kommen.
Armande.
Gern hätt' ich: „immerhin" nur einmal noch vernommen.
Trissotin.
Schick' immerhin ihn fort!
Belise. Armande. Philaminthe.
Schick' immerhin!

Trissotin.
Aus deinem Prachtgemach!

Belise. Armande. Philaminthe.
Prachtgemach!

Trissotin.
Voll Undank Nacht und Tag.

Belise. Armande. Philaminthe.
Nacht und Tag!

Trissotin.
Sinnt er auf deinen Mord.

Belise und Armande.
Auf deinen Mord!

Belise. Armande. Philaminthe.
Ah!

Trissotin
(liest weiter).
Nicht achtend Rang und Stand,
Legt er an dich die Hand.

Armande. Belise. Philaminthe.
Ah!

Trissotin.
Da er so schwer dich kränket,
So führ' ihn in das Bad,
Und hast du ihn ertränket,
Dein Leid ein Ende hat. —

Philaminthe.
Ich kann nicht mehr!

Belise.
Man stirbt, man stirbt vor Wonne hin!

Armande.
Ein Wonneschauer bebt durch den erregten Sinn!

Philaminthe.
So führ' ihn in das Bad!

Belise.
Und hast du ihn ertränket!

Armande.
Dein Leid ein Ende hat.
O führ' ihn in das Bad!

Belise.
Es liegt ein hübscher Zug versteckt in jedem Wort.

Armande.
Man wandert ganz entzückt durch Vers' und Reime fort.

Philaminthe.
Weil man an jedem Punkt stets neuen Reiz entdeckt.

Armande.
Es ist ein grüner Pfad, mit Rosen rings besteckt.

Trissotin.
So scheinet das Sonett?

Philaminthe.
Vortrefflich! ganz gelungen!
Nie hat ein anderes so lieblich mir geklungen.

Belise
(zu Henrietten).
Wie? bleibst du kalt und todt beim herrlichen Gedicht?
Du machst dabei fürwahr ein wunderlich Gesicht.

Henriette.
Wir sind nur das, wozu Talent uns ward im Leben;
Ein schöner Geist zu sein, nicht jedem ist's gegeben.

Trissotin.
Ist meine Poesie bei Ihnen nicht gelitten?

Henriette.
Ich hörte gar nicht zu.

Philaminthe
(zu Trissotin).
Das Epigramm, wir bitten.

Trissotin
(lesend).
Auf eine grüne, mit Gold beschlagene Carosse, die er einer ihm theuren Dame schenkte. [15]

Philaminthe.
Wie eigenthümlich trifft der Titel Geist und Ohr!

Armande.
Ja, er bereitet gleich auf witz'ge Dinge vor.

Trissotin
(liest).
Der Liebe Glück ist theuer mir gekommen; —

Philaminthe. Belise. Armande.
Ah!

Trissotin.
Die Renten hat es halb mit fortgenommen.
Und siehst du die Carosse
Mit ihrer goldnen Bosse,
Die im Triumphe Lais trägt . . .

Philaminthe.
Hört, Lais! hört! Das zeugt doch von Gelehrsamkeit!

Belise.
Gewiß, der Nam' ist hübsch, ein gutgewähltes Kleid.

Trissotin
(liest).
Und siehst du die Carosse
Mit ihrer goldnen Bosse,
Die im Triumphe Lais trägt,

Nicht sage: sie sei schön durch Gold und Grün,
Nein, sage nur: durch meine Revenü'n.

Armande.
Wie unerwartet hier sich dieses Schlußwort findet!

Philaminthe.
Nein, Niemand ist, der so Geschmack mit Witz verbindet!

Belise.
Nicht sage: sie sei schön durch Gold und Grün, [16]
Nein, sage nur: durch meine Revenü'n.
O welch ein reicher Reim ist Grün und Revenü'n.

Philaminthe
(zu Trissotin).
Als wir zuerst uns sahn, ich weiß nicht, wie's geschah,
Da trat im Augenblick Ihr hoher Geist mir nah;
Doch solche Dichterkraft, die kann ich noch nicht fassen!

Trissotin
(zu Philaminthe).
Sie sollten Ihrerseits nun auch was hören lassen;
Wir würden Ihrem Geist Bewundrung nicht versagen.

Philaminthe.
In Versen schrieb ich nichts, doch in den nächsten Tagen
Eröffn' ich Ihnen nur, mein Herr, ganz im Vertraun
Den Plan zu unserer Akademie der Fraun.
Als seine Republik der große Plato schrieb,
Da war es dieser Punkt, der unvollendet blieb;
Drum hab' ich die Idee auf's neue aufgefaßt
Und sie in meiner Schrift dem Zeitgeist angepaßt.
Denn daß ich's nur gesteh', mein Herz ist ganz ergrimmt,
Daß man uns unser Recht in geist'gen Dingen nimmt;
Und rächen will ich uns am männlichen Geschlechte,
Das bis zum Sklavenrang uns gern herunterbrächte,
Das zur Alltäglichkeit des Geistes Flug verdammt,
Und, wo es kann, die Bahn des Wissens uns verrammt.

Armande.
O wie die Männer schwer sich am Geschlecht vergehn,
Die unsrer Einsicht kaum was andres zugestehn,
Als die Geschicklichkeit, ein altes Kleid zu flicken,
Und einiges Talent im Bügeln, Waschen, Stricken!

Belise.
Wir alle müssen uns dem großen Kampfe weihn,
Uns von dem Geisteszwang auf immer zu befrein.

Trissotin.
Sie wissen, wie ich stets den Damen war ergeben,
Und, such' ich ihren Reiz in Versen zu erheben,
Ehr' ich nicht minder doch den weiblichen Verstand.

Philaminthe.
Das hat auch das Geschlecht stets dankbar anerkannt,
Doch zeigen wollen wir gewissen kleinen Geistern,
Die voll von Wissensstolz uns immerdar bemeistern,
Daß auch ein Frauenkopf Gelehrsamkeit umfaßt,
Ein Literarverein auch für die Frauen paßt,
Ja, daß ein Vorzug drin vor anderen sich findet,
Weil, was sich sonsten trennt, in ihm sich schön verbindet.
Denn hier wird Wissenschaft zur Eleganz gestaltet,
Und das Geheimniß, das Natur umhüllt, entfaltet;
Beim Streit der Meinung hat ein jeder hier die seine;
Wir lassen jede zu und adoptiren keine.

Trissotin.
Ich bin den Stoikern am meisten zugethan. [17]

Philaminthe.
Ich wandle lieber noch auf Plato's Geistesbahn. [18]

Armande.
Ich liebe Epikur, den stärksten Geist von allen.

Belise.

Die „kleinen Körper" wohl erregen mein Gefallen;
Jedoch das „Vacuum" will nicht in meinen Sinn,
Und lieber geb' ich mich dem „feinen Urstoff" hin.

Trissotin.

Descartes und sein Magnet bezaubern meinen Geist. [19]

Armande.

Mich seiner „Welten Fall!"

Philaminthe.

Sein „Wirbel" mich zumeist.
O träte der Verein doch nur recht bald in's Leben!
Entdeckten wir doch was, um seinen Glanz zu heben!

Trissotin
(zu Philaminthe).

Wir Alle hoffen viel von Ihres Geistes Licht,
Denn Schleier hat Natur für Ihren Scharfsinn nicht.

Philaminthe.

Nicht schmeicheln möcht' ich mir, jedoch ich muß gestehn,
Ich hab' im Monde jüngst ein Menschenkind gesehn.

Belise.

Zwar Menschen sah ich nicht, doch Thürme sah ich klar;
So wie ich euch hier seh', nahm ich sie deutlich wahr.

Armande.

Ergründen werden wir besonders die Physik
Und dann Geschichte, Kunst, Moral und Politik.

Philaminthe.

Ich fühle durch Moral am meisten mich gekräftigt,
Mit der in früher Zeit sich mancher Geist beschäftigt;
Und zwar die Stoiker halt' ich zumeist in Ehren,
Denn Schönres kenn' ich nicht, als ihres Meisters Lehren.

Armande.
Auch Sprachverbesserung beschäft'ge den Verein,
In Schrift und Wort wird bald gar Vieles anders sein!
Von mancher Wendung sei die Sprache reingefegt,
Die unserm Zartgefühl oft große Qual erregt.
Der Konferenzbeschluß wird Alles das verpönen,
Und, einzig nur geweiht dem Edlen, Reinen, Schönen,
Hält jeglicher von uns in Prosa und Gedicht
Ob Allem, was nicht paßt, ein strenges Strafgericht.

Philaminthe.
Jedoch das höchste Ziel für diesen Sprachverein [20]
Und auch sein höchster Ruhm soll das Bestreben sein,
Die schmuz'gen Wörter aus der Rede wegzuschneiden,
Bei deren rohem Klang wir zarten Seelen leiden,
Mag auch am Doppelsinn ein Witzbold sich erfreun
Und, immer zum Skandal, den alten Spaß erneun.

Trissotin.
Vortrefflich ist der Plan, den Sie erdacht, Madam.

Belise.
Sobald es fertig, steht zu Diensten das Programm.

Trissotin.
Ich bin gewiß, daß stets Ihr Geist das Rechte trifft.

Armande.
Sei's Prosa, sei's Gedicht, es wird hier jede Schrift [21]
Getadelt und gelobt nach unsrer eignen Weise:
Denn nirgends gibt es Geist, als nur in unsrem Kreise.
Verfolgen werden wir, was alle Andren treiben,
Und finden, daß nur wir in gutem Stile schreiben.

Dritter Auftritt.

Die Vorigen. Lepine.

Lepine.
Mein Herr, da draußen steht ein Mann, der fragt nach Ihnen,
In einem schwarzen Rock mit feierlichen Mienen.

Trissotin.
Ah — ein Gelehrter ist's, der dringend hat begehrt,
Daß hier in diesem Kreis ihm Zutritt sei gewährt.
(Alle erheben sich.)

Philaminthe.
Empfehlen Sie ihn uns, wird gern er aufgenommen.
(Trissotin geht dem Vadius entgegen.)

Vierter Auftritt.

Die Vorigen, ohne Lepine.

Philaminthe
(zu Armande und Belise).
Es ruft ihm unser Geist ein freundliches Willkommen.
(Zu Henrietten, die fortgehen will)
Holla! hab' ich dir nicht erst eben mitgetheilt,
Daß ich dich sprechen muß?

Henriette.
Ist's etwas, das da eilt?

Philaminthe.
Hab' nur Geduld, denn bald wird dir die Sache klar.

Fünfter Auftritt.

Die Vorigen. Vadius. 22)

Trissotin
(den Vadius den Damen vorstellend).

Dies ist der Mann, deß Herz voll heißer Sehnsucht war,
Sie bald zu sehn. Ich bin so frei und führ' ihn ein.
Denn würdig scheint er ganz der Ehre mir zu sein:
Er ist an seinem Platz in schöner Geister Runde.

Philaminthe.

Die Hand, die ihn uns bringt, gibt davon sichre Kunde.

Trissotin.

Er kennet sehr genau die klassischen Autoren
Und Griechisch so, als wär' in Hellas er geboren.

Philaminthe
(zu Belise).

Wie, Griechisch? Großer Gott! Hör', Griechisch kann er lesen!

Belise
(zu Armande).

Ach, Griechisch! denk dir, Kind!

Armande.

O du glücksel'ges Wesen!

Philaminthe.

Was? Griechisch wissen Sie? Da müssen Sie erlauben,
Dem Griechischen zu lieb, uns einen Kuß zu rauben.

(Vadius umarmt sie und dann auch Belisen und Armanden.)

Henriette
(zu Vadius, der sie gleichfalls umarmen will).

Verlaub, mein Herr; da ich durchaus kein Griechisch weiß —

Philaminthe.

Für's Griechische schlug mir das Herz stets voll und heiß.

Badius.
Es sollte leid mir thun, verehrungswürd'ge Damen,
Wenn Sie ein Aergerniß an meinem Eintritt nahmen,
Und wenn Sie Ihr Gespräch verließen meinetwegen.

Philaminthe.
Mein Herr, das Griechische kommt immer sehr gelegen.

Trissotin.
In Prosa und im Vers hat Großes er erreicht,
Und möglich ist's, daß er davon ein Pröbchen zeigt.

Badius.
Es scheint mir, daß darin Autoren meistens fehlen,
Daß sie die Leute gleich mit ihren Werken quälen;
Sie selbst ermüden nie, ermüden nur die Andern,
Wenn sie von Haus zu Haus mit ihren Versen wandern,
Und Dümmres kann man nichts auf dieser Erde sehn,
Als Dichter, welche stets um Weihrauch betteln gehn.
Sie legen gleich Beschlag auf aller Leute Ohren,
Die sie zu Märtyrern für ihr Gedicht erkoren.
Doch nie hat man gesehn, daß ich es so gemacht,
Denn jenes Griechen Wort, das halt' ich stets in Acht;
Der meint, daß es sich nicht für einen Weisen paßt,
Das vorzulesen, was er selber hat verfaßt. —
Hier ist ein kleines Lied, für Liebende gesungen,
Ich hätt' Ihr Urtheil gern, ob das Gedicht gelungen.

Trissotin.
Ihr Vers hat einen Reiz, den andere entbehren.

Badius.
In Anmuth weiß sich stets der Ihre zu verklären.

Trissotin.
Der Ausdruck ist so rein, die Wendung so gewandt.

Badius.
Das Ethos geht darin mit Pathos Hand in Hand.

Trissotin.
Eklogen schreiben Sie in so vollkommnem Stil,
Daß sie mit Theokrit sich messen und Virgil.

Badius.
Und Ihre Oden sind so schwungvoll und so leicht,
Daß in der Eleganz Horaz sie kaum erreicht.

Trissotin.
Gibt's etwas Süßeres, als Ihre kleinen Lieder?

Badius.
Und vollends Ihr Sonett schlägt alles andre nieder.

Trissotin.
Wie wissen das Rondeau so kunstvoll Sie zu machen!

Badius.
Ach, Ihre Madrigals sind allerliebste Sachen!

Trissotin.
Und im Balladenstil kommt Ihnen Niemand gleich!

Badius.
Wie ist Ihr bout-rimé stets so pointenreich!

Trissotin.
Erkennte Ihr Verdienst nur erst das Vaterland, ...

Badius.
Und würde Ihr Talent von Ihrer Zeit erkannt, ...

Trissotin.
Es spannte selbst das Volk sich Ihrem Wagen vor!

Badius.
Man richtete für Sie ein Monument empor!
(Zu Trissotin nach einer Pause)
Es ist ein kleines Lied, und ich bin sehr gespannt,
Was Sie — —

Trissotin.
Ist Ihnen wohl schon ein Sonett bekannt [23]
Auf Fürstin Uranie, die neulich krank gewesen?

Vadius.
Wenn ich nicht irre, hat man mir es vorgelesen.

Trissotin.
Den Autor kennen Sie?

Vadius.
Nein; doch es ward mir klar,
Daß an der Poesie nicht viel zu loben war.

Trissotin.
So? Viele meinen doch, daß es vortrefflich sei!

Vadius.
Mag sein! Ich nenn' es doch nur eine Stümperei;
Und hätten Sie's gehört, Sie stimmten damit ein.

Trissotin.
Darüber dürft' ich doch noch sehr im Zweifel sein;
Denn Viele gibt es nicht, die fähig, so zu dichten.

Vadius.
Bei Gott! Auf diesen Ruhm will ich sehr gern verzichten.

Trissotin.
Ich sage, daß nicht leicht es Jemand besser macht;
Warum? weil ich es bin, der es hervorgebracht.

Vadius.
Sie?

Trissotin.
Ich.

Vadius.
Dann weiß ich nicht, wie sich das zugetragen!

Trissotin.
Wie schlimm, daß mein Sonett dem Herrn nicht will behagen.

Vadius.
Vermuthlich bin ich sehr zerstreut dabei gewesen;
Der Leser hat vielleicht die Sach' auch schlecht gelesen.
Jedoch nun hören Sie mein Lied! Ich nenn's Ballade.

Trissotin.
Was man Ballade nennt, ist meistens etwas fade;
Veraltet ist die Form, man liebt sie jetzt nicht mehr.

Vadius.
Doch kenn' ich Leute noch, die lieben sie gar sehr.

Trissotin.
Das ist kein Grund, mein Herr, daß mir's nicht widerstehe.

Vadius.
Doch schlechter wird es nicht dadurch, so viel ich sehe.

Trissotin.
An solchen Dingen mag sich ein Pedant ergetzen.

Vadius.
Und dennoch sehn wir nicht, daß Sie daran sich letzen.

Trissotin.
Die eigne Schwachheit pflegt man Andern beizulegen.
(Sie erheben sich sämmtlich.)

Vadius.
Das thun Sie jetzt, mein Herr, sehr plump und sehr verwegen.

Trissotin.
Sie Abcschütz! Gehn Sie doch, Sie Versifer!

Vadius.
Sie Bücherfabrikant! Sie schwarzer Dintenklecks!

Trissotin.
Sie Plagiator Sie! Sie sollten sich doch schämen.

Badius.
Sie Schulfuchs —!

Philaminthe.
Meine Herrn, was muß ich da vernehmen!

Trissotin
(zu Badius).
Geh' nur und gib heraus, was du ganz unverhohlen
Für deine Schmiererein den Klassikern gestohlen!

Badius.
Und du, — nie wird man am Parnaß die Schmach vergessen, [24]
Daß du gewagt, Horaz in deinen Vers zu pressen!

Trissotin.
Denk' du nur an dein Buch, das Niemand lesen kann.

Badius.
Ward dein Verleger nicht durch dich ein armer Mann?

Trissotin.
Begründet ist mein Ruf, trotz dir wird er bestehn.

Badius.
Du brauchst in Boileau's Satiren nur zu sehn! [25]

Trissotin.
Das rath' ich dir, und wenn mein neustes Buch erscheint, [26]
Wird man erkennen, wen mein Spott darin gemeint.

Badius.
Wohlan! Ein Kampf mit dir, der schüchtert mich nicht ein,
Sei's Prosa, sei's Gedicht, sei's Griechisch, sei's Latein! [27]

Sechster Auftritt.

Die Vorigen, ohne Vadius.

Trissotin.
Verzeihen Sie, wenn ich vielleicht zu heftig grollte;
Denn Ihre Ansicht war's, die ich vertheid'gen wollte,
Als er sich mein Sonett erlaubte, zu verhöhnen.

Philaminthe.
Ich werde mich bemühn, Sie wieder zu versöhnen. —
Jetzt zu was Anderem! Henriette, komm' hierher!
Seit lange schon liegt mir's im Sinn und drückt mich schwer,
Daß auch kein Funken Geist in dir scheint zu erwachen;
Doch gibt's ein Mittel noch, ihn endlich zu entfachen.

Henriette.
Das heißt mit einer Müh', die unnütz, sich beschweren;
Mir wird Gelehrsamkeit doch nie Genuß gewähren.
Ich mach' mir's gern bequem, und was man hier bespricht,
Verlanget, daß man sich dabei den Kopf zerbricht.
Auch nach gelehrtem Ruf steht keineswegs mein Sinn,
Drum ist mir's schon ganz recht, daß ich einfältig bin.
Ich spreche lieber von ganz ordinären Dingen,
Als meinen Kopf durchaus zum Geistreichsein zu zwingen.

Philaminthe.
Es hat mich oft verletzt und hat mich oft verdrossen,
Daß meinem eignen Blut solch eine Schmach entsprossen.
Die Schönheit des Gesichts ist schwache Zierde nur,
Sie schwindet schnell dahin gleich Blumen auf der Flur;
Die Epidermis nur gibt ihr den leichten Schimmer,
Doch Geistesschönheit, sie vergeht und welket nimmer.
Ich habe lang gesucht, die Schönheit dir zu geben,
Die einz'ge, die uns bleibt im wechselvollen Leben:
In dir den edlen Drang nach Wissenschaft zu nähren,
Und dich emporzuziehn in höhre Geistessphären;

Ich glaube, daß dazu als wirksam sich erweist,
Wenn ehlich sich mit dir vereint ein Mann von Geist.

(Auf Trissotin zeigend)

Der Herr da ist der Mann, den ich für dich erkor,
Und hiermit stell' ich ihn als Bräutigam dir vor.

Henriette.

Wie, Mutter?

Philaminthe.

Ja, so stell' dich nur nicht so verzagt.

Belise
(zu Trissotin).

Wohl seh' ich, wie Ihr Blick mich um Erlaubniß fragt,
Ein Herz, das mir gehört, wo anders zu verschenken.
Nun gut! Da Sie dadurch Ihr Glück zu machen denken,
So geb' ich nach.

Trissotin
(zu Henriette).

Ich weiß, mein Fräulein, mein Entzücken
Ob dieser Ehre nicht mit Worten auszudrücken.

Henriette.

O sachte nur, mein Herr, wir sind noch nicht so weit.
Bis ich die Ihre bin, währt's wohl noch ein'ge Zeit.

Philaminthe.

Was, Mädchen, sagst du da! wozu erkühnst du dich!
Und weißt du wohl? ... Genug, denn du verstehest mich.

(Zu Trissotin.)

Sie gibt schon nach, drum bitt' ich, lassen Sie sie gehn.

Siebenter Auftritt.

Henriette. Armande.

Armande.
Man kann doch überall der Mutter Sorgfalt sehn!
Denn Beß'res konnte nicht dir ihre Wahl verleihn.

Henriette.
Wenn es so gut, warum soll's denn für dich nicht sein?

Armande.
Dir gibt man ihn zum Mann, dir, Schwester, und nicht mir.

Henriette.
Die Aeltre bist du ja, drum lass' ich gern ihn dir.

Armande.
Wär' reizend, wie für dich, für mich der Ehestand,
Mit Freuden nähm' ich an das Opfer seiner Hand.

Henriette.
Wär' in Pedanten ich so ganz vernarrt, wie du,
Mir sagte die Partie vielleicht ganz trefflich zu.

Armande.
Wie sehr auch mein Geschmack sich von dem deinen scheide,
Den Eltern folgsam sein, ist Pflicht doch für uns beide;
Der Mutter Ansehn gilt hier gänzlich unbeschränkt,
Und fruchtlos ist's, wenn man durch Widersetzen denkt . . .

Achter Auftritt.

Chrysale. Clitander. Henriette. Armande.

Chrysale
(zu Henriette, der er den Clitander vorstellt).

Ich hoffe, Kind, du gehst auf meinen Wunsch gern ein:
Reich' diesem Herrn die Hand, denn er ist jetzo dein!
Betracht' ihn als den Mann, der dir gehört für's Leben,
Und den ich selber dir zum Ehgemahl gegeben.

Armande.

Dem Vorschlag stimmt gewiß die Schwester gerne bei.

Henriette.

Es ist ja Kindespflicht, daß man gehorsam sei,
Des Vaters Recht auf uns ist, Schwester, unbeschränkt.

Armande.

Doch heischt die andere Pflicht, daß man der Mutter denkt.

Chrysale.

Wie so?

Armande.

Ich fürchte sehr, und herzlich thut mir's leid,
Daß ihr in diesem Punkt durchaus nicht einig seid.
Es ist ein andrer Mann — — —

Chrysale.

Du Schwätzerin, schweig still!
Philosophirt allein, so viel ein jedes will,
Doch mischet weiter euch nicht ein in meine Sachen!
Sag' ihr, was ich bestimmt, sie soll gefaßt sich machen!
Und daß sie meine Ruh' nicht durch ihr Schreien störe!
Jetzt geh'!

Neunter Auftritt.

Chrysale. Ariste. Henriette. Clitander.

Ariste.
Vortrefflich ist, was ich da eben höre!

Clitander.
O welche Seligkeit fängt jetzo für mich an!

Chrysale
(zu Clitander).

Nur zu! hier ihre Hand! und gehn Sie uns voran
Mit ihr in ihr Gemach!

(Zu Ariste.)
Ach, welche Zärtlichkeit!
Wie wird mein altes Herz mir wieder warm und weit!
Wie macht mich's wieder jung und rufet mir zurück
Der Liebe schöne Zeit und meiner Jugend Glück!

———

Vierter Akt.

Erster Auftritt.

Philaminthe und Armande.

Armande.

Ja, kein Ermahnen hat den Widerstand gebrochen,
Und ihr Gehorsam dient ihr nur, um drauf zu pochen;
Bevor sie noch von mir darum gebeten war,
Legt' ihres Herzens Wunsch sie mir ganz offen dar.
Des Vaters Wille liegt ihr weniger am Herzen,
Als sie die Hoffnung freut, dich, Mutter, könnt' es schmerzen.

Philaminthe.

Ich werd' ihr zeigen, wem zu folgen sich gebührt,
Wer von uns Beiden hier im Haus die Herrschaft führt:
Ob Körper oder Geist, ob Unsinn oder Sinn,
Und wenn er Vater ist, ob ich nicht Mutter bin.

Armande.

Gewiß war's ihre Pflicht, vor Allem dich zu fragen;
Auch find' ich's unerhört, wie sich der Herr betragen,
Und daß er dir zum Trotz sich macht zum Schwiegersohn.

Philaminthe.

Noch ist er's nicht, wenn er auch glaubt, er sei es schon.
Ich sah ihn gern, so lang er Huldigung dir brachte,
Obwohl sein Wesen mir nicht viele Freude machte.
Er weiß es längst, daß ich mit Schreiben mich befasse,
Doch bittet er mich je, daß ich was hören lasse?

Zweiter Auftritt.

(**Clitander** tritt leise herein und horcht, ohne gesehen zu werden.)

Philaminthe. Armande.

Armande.

Ach, Mutter, wär' ich du, ich würd' es nie gestatten,
Daß Henriette sich ihn nimmt zum Ehegatten.
Nur glauben mußt du nicht, daß irgendwie dabei
Ich selbst mit einem Plan auf ihn betheiligt sei;
Und, hat er gegen mich sich schlecht auch aufgeführt,
Daß solches irgendwie mir das Gemüth berührt.
Vor solcher Schwachheit muß des Geistes Kraft mich schützen,
Und die Philosophie beut dazu sich're Stützen,
Mit denen man sich leicht von jedem Gram befreit.
Doch was er dir gethan, das, Mutter, geht zu weit,
Ist dir die Ehre lieb, so willigst du nicht ein.
Mir scheint, Clitander muß dir sehr zuwider sein:
Denn niemals hört' ich, wenn auf dich die Rede kam,
Daß Ehrfurcht er bewies und Antheil an dir nahm.

Philaminthe.

Der Dummkopf!

Armande.

Wo mit Lob man deiner auch erwähnte,
Blieb er so kalt wie Eis, ich glaube gar — er gähnte.

Philaminthe.
Der rohe Mensch!

Armande.
Ich las von dir ihm manches vor,
Doch fand er's niemals schön und lieh' mir kaum sein Ohr.

Philaminthe.
Der Unverschämte!

Armande.
Oft geriethen wir in's Streiten,
Und dabei glaubst du nicht, mit welchen Albernheiten — —

Clitander.
(vortretend zu Armande).

Mein Fräulein! sein Sie doch, ich bitte, nicht so scharf!
Ein wenig Ehrlichkeit, wenn ich Sie bitten darf.
Was hab' ich denn gethan, was hat Sie so verletzt,
Daß so gewaltig sich Ihr Zorn in Harnisch setzt?
Daß Sie mir meinen Ruf und auch mein Glück nicht gönnen
Und feind mir machen, die gar sehr mir nützen können?
O sagen Sie, warum muß ich den Groll erleiden?
Der Mutter Billigkeit mag selbst darob entscheiden.

Armande.
Wär' ich so sehr im Zorn, wie Sie zu glauben scheinen,
Es wäre Grund dazu, mein Herr, ich sollt' es meinen,
Sie haben es verdient! Denn eine erste Liebe
Ist heilig und beherrscht das Herz mit solchem Triebe,
Daß man vielmehr dem Glück entsagt und selbst dem Leben,
Als einer zweiten sich gleich wieder hinzugeben.
Denn die Moral verdammt ein Herz, das Treue brach,
Und kennt auf dieser Welt kaum eine größre Schmach.

Clitander.
Mein Fräulein, nennen Sie das treulos sein im Lieben,
Wozu Sie selber mich durch Ihren Stolz getrieben?

Ich that genau nur das, was Sie zu wollen schienen,
Und hab' ich Sie verletzt, so lag die Schuld an Ihnen.
Als ich zuerst Sie sah, entbrannte mein Gemüth
Und hat zwei Jahre treu für Ihren Reiz geglüht;
Mit jeder Sorge streb' ich Ihnen mich zu weihn,
Und jedes Opfer, war's für Sie, so schien mir's klein.
Doch alle mein Bemühn hab' ich umsonst verschwendet:
Denn gänzlich hat Ihr Herz von mir sich abgewendet.
Was Sie verschmähten, bot ich einer Andern dar;
Nun frag' ich, ob die Schuld an mir, an Ihnen war?
Gewiß, wenn Sie gewollt, ich wäre treu geblieben,
Denn ich verließ Sie nicht, — Sie haben mich vertrieben.

Armande.

Das nennen Sie, mein Herr, der Lieb' entgegen sein,
Wenn man ihr das entzieht, was niedrig und gemein,
Und sie zu jener Höh' zu heben sich bemüht,
Wo nur in reiner Gluth des Herzens Flamme glüht?
Sie wissen nimmer, frei von sinnlichen Gedanken,
Zu bannen ihren Wunsch in sittlich strenge Schranken,
Und Sie empfanden nie die hohe Seligkeit
Der geist'gen Liebe, die vom Irb'schen sich befreit;
Sie lieben immer nur in sinnlich roher Weise,
Wo Alles sich beschränkt im hergebrachten Kreise;
Damit die heiße Gluth nicht gleich in Rauch vergeht,
Bedürfen Sie die Eh' und was daraus entsteht. [28]
Das nenn' ich Liebe nicht! In solchen Flammen brennen
Die edlern Herzen nie! Weil sie das Höh're kennen,
Und weil sich ihre Gluth in geist'ge Gluth verklärt,
Ist auch das Andere für sie ganz ohne Werth.
Nur reine Seufzer sind's, die sich der Brust entringen,
Und nie hemmt die Begier des Geistes reine Schwingen;
Rein und erhaben ist das Ziel, das sie sich stecken,
Aus Liebe lieben sie, und nicht zu andren Zwecken;
Auf jede Regung fällt des Geistes reiner Strahl,
Daß auch der Körper da, sie wissen's nicht einmal.

Clitander.

Ich fühle leider sehr, — daß ich es nicht verhehle! —
Daß mir ein Körper ward, so gut wie eine Seele.
Ich schöb' ihn gern bei Seit', doch ach, er spricht zu laut;
Mit dieser feinen Kunst bin ich nicht sehr vertraut.
Auch konnt' ich lernen nie, wie es wohl anzufangen,
Bei mir sind Seel' und Leib stets gleichen Schritt gegangen.
Man kann, wie Sie gesagt, nichts Schöneres sich denken,
Als jene Triebe, die sich auf den Geist beschränken:
Die Herzenseinigung, die zärtlichen Gedanken,
Die nie gebunden sind durch sinnlich enge Schranken.
Jedoch ein solches Band ist mir zu fein gewoben,
Ich bin, wie Sie gesagt, ja einer von den Groben;
Ich lieb' als ganzer Mensch mit Allem, was ich bin,
Und auf das Ganze geht bei mir die Liebe hin.
Sie brauchen drum mich nicht so tief herabzusetzen,
Denn, ohne Ihr Gefühl für's Höh're zu verletzen,
Behaupt' ich: überall befolgt man die Methode,
Und, wie Sie sehn, die Eh' ist immer noch in Mode;
Man pflegt für ehrenwerth sie stets noch anzusehn.
Drum, als ich bat, mit mir die Heirat einzugehn,
Gedacht' ich Sie damit durchaus nicht zu verletzen,
Und darum war kein Grund, so sehr sich zu entsetzen.

Armande.

Nun wohl, mein Herr! nun wohl! Da Sie nicht hören wollen,
Da Ihre Wünsche sich durchaus befried'gen sollen, —
Da nie zu reiner Gluth Ihr Herz sich kann erheben,
Und da ein Körperband durchaus Sie muß umgeben:
So mag, sobald wir nur die Mutter willig sehn,
Das, was Ihr Herz ersehnt, meinthalben denn geschehn!

Clitander.

Dazu ist es zu spät; der Platz ist schon besetzt,
Und großes Unrecht wär's, kehrt' ich zu Ihnen jetzt

Und ließe Die im Stich, zu der ich mich gerettet
Vor Ihrem Stolz, und die mich ganz an sich gekettet.

Philaminthe.

Doch, diese Eh', mein Herr, wie können Sie denn glauben,
Es sei schon ganz gewiß, daß ich sie werd' erlauben?
Und jene Möglichkeit, fiel Ihnen die nicht bei,
Daß für Henriette schon ein andrer Bräut'gam sei?

Clitander.

Madam, ich bitte Sie, die Sache zu bedenken
Und nicht durch solche Schmach auf's Tiefste mich zu kränken!
Ich soll von Trissotin ein Nebenbuhler sein?
Sie werden nimmer mir solch eine Rolle leihn.
Gefall' ich Ihnen nicht, weil mir Talente fehlen,
So sollten Sie mir doch gewiegtre Gegner wählen.
Wohl gibt es Manchen, der sich fälschlich Schöngeist nennt,
Und den der Ungeschmack der Zeit auch anerkennt;
Herr Trissotin jedoch hat Keinen noch betrogen,
Und was er schreibt, das wird mit richt'gem Maß gewogen;
Denn außer diesem Haus gibt's Niemand, der ihn schätzt,
Und in Erstaunen hat mich's immerdar gesetzt,
Daß man zum Himmel hebt die Faselein des Herrn,
Denn wären sie Ihr Werk, Sie sagten das nicht gern.

Philaminthe.

Daß Sie nicht seinen Geist, nicht sein Talent verstehn,
Kommt davon, weil Sie nicht mit unsrem Aug' ihn sehn.

Dritter Auftritt.

Trissotin. Philaminthe. Armande. Clitander.

Trissotin.

O hören Sie, was ich jetzt eben erst vernommen!
Wir sind mit heiler Haut noch just davon gekommen:
Ein Weltenkörper ist an uns vorbeigeglitten,
Hat unsre Atmosphär' grad mitten durchgeschnitten!
Zum großen Glück ging er noch hart an uns vorbei,
Sonst brach der Erde Ball wie Fensterglas entzwei.

Philaminthe.

Verschieben wir, ich bitt', auf andre Zeit die Sache;
Sonst fürcht' ich sehr, daß sich der Herr hier lustig mache,
Dem Bildungslosigkeit und Ignoranz gefällt,
Und der von Wissenschaft nicht das Geringste hält.

Clitander.

Erlauben Sie, Madam, Sie gehn darin zu weit,
Nie war ich Feind dem Geist, nie der Gelehrsamkeit.
Nach meiner Ansicht sind's gar gut' und schöne Sachen,
Wenn sie die Menschen nicht zu eitlen Narren machen;
Doch bin ich lieber noch unwissend wie ein Kind,
Als so gelehrt, wie es gewisse Leute sind.

Trissotin.

Was man auch sagen mag, dem stimm' ich niemals bei,
Daß je die Wissenschaft dem Menschen schädlich sei.

Clitander.

Mir scheint, zum Unheil hat sie mancher sich erkoren,
Denn mancher ward durch sie in Wort und That zum Thoren.

Trissotin.

Mir scheint das parador.

Clitander.
Es sollte schon gelingen,
Mit großer Schnelligkeit Beweise vorzubringen,
Und wenn's zu dem Beweis an Gründen noch nicht reicht,
So glaub' ich, fände sich dazu ein Beispiel leicht.

Trissotin.
Doch könnt's ein solches sein, auf dem kein Schluß zu bauen!

Clitander.
Man braucht, um es zu sehn, nicht weit umher zu schauen.

Trissotin.
Ich meines Theils seh' nicht, wo die Exempel sind.

Clitander.
Mir springen sie in's Aug', ich bin ja doch nicht blind.

Trissotin.
Bis jetzt hab' ich geglaubt, Nichtswissen mache Thoren,
Die Weisheit aber sei aus Wissenschaft geboren.

Clitander.
Da irrten Sie sich sehr, denn ein gelehrter Thor [30)]
Thut's dem, der nicht studirt, an Dummheit oft zuvor.

Trissotin.
Dem, was Sie sagen, stimmt der Sprachgebrauch nicht bei;
Unwissend sein und dumm gilt doch für einerlei.

Clitander.
Fragt man den Sprachgebrauch, so wäre ein Pedant
Mit einem Dummkopf oft viel näher noch verwandt.

Trissotin.
Die Dummheit zeigt sich dort ganz unvermischt und rein.

Clitander.
Hier strahlt sie heller noch durch den gelehrten Schein.

Trissotin.
Schon in sich selbst besitzt das Wissen hohen Preis.

Clitander.
Doch einen Narren macht das Wissen naseweis.

Trissotin.
Mir scheint, die Ignoranz hat großen Reiz für Sie,
Denn in dem Kampf dafür ermüden Sie ja nie!

Clitander.
Gefällt mir Ignoranz, so kann es nur geschehen,
Seitdem vor Augen mir gewisse Weise stehen.

Trissotin.
Und dennoch messen sich an Werth die Weisen leicht
Mit manchem Andern, der sich meinen Augen zeigt.

Clitander.
Ja, wenn man hört auf's Wort gewisser weisen Leute;
Doch Vieler Meinung ist, daß dies nicht viel bedeute.

Philaminthe
(zu Clitander).
Mich dünkt, mein Herr — —

Clitander.
    Madam, o lassen Sie gewähren!
Der Herr ist stark genug, des Beistands zu entbehren.
Sie sehn, er greift mich an mit immer neuem Streiche,
Ich schütze mich nur noch, indem ich rückwärts weiche.

Armande.
Doch pflegt Ihr bittrer Hohn mit Antwort nicht zu säumen.

Clitander.
Ein neuer Feind! da thu' ich wohl, das Feld zu räumen.

Philaminthe.
Man mög' im Wortgefecht um eine Ansicht streiten,
Nur komme man dabei nicht zu Persönlichkeiten!

Clitander.
Es scheint mir, daß ihm dies nicht allzu nahe geht,
Da mehr wie Jemand sonst er einen Spaß versteht. 31)
Ihm wurde oftmals schon ein schärfrer Streich versetzt,
Und niemals fühlte sich sein Ehrgefühl verletzt.

Trissotin.
Es wundert mich nicht sehr, daß in dem Meinungsstreite
Der Herr da ganz und gar sich neigt zur andren Seite;
Denn er ist viel bei Hof, und dort, wie jeder weiß,
Steht Geist und Wissenschaft zur Zeit nicht hoch in Preis.
Es paßt die Ignoranz in's höf'sche Interesse,
Und er ist Hofmann nicht, damit er das vergesse.

Clitander.
Der arme Hof! — Es scheint, Sie wollen ihm zu Leibe, 32)
Und er ist schlimm daran, daß, was er immer treibe,
Die schönen Geister stets dagegen sich erheben
Und ihn in ihren Streit und Meinungskampf verweben!
Wenn ihre Schreiberein erfolglos sind geblieben,
So wird's dem Ungeschmack des Hofes zugeschrieben!
Mit aller Ehrfurcht für den Namen, den Sie tragen,
Gestatten Sie mir doch, Herr Trissotin, zu sagen:
Sie thäten besser wohl, Sie mit dem ganzen Kreise,
Vom Hof zu sprechen doch in etwas mildrer Weise,
Da, recht bei Licht besehn, er mir so dumm nicht scheint,
Wie mancher von den Herrn in seiner Weisheit meint.
Glaubt, daß gesunder Sinn für Alles ihm nicht fehlt,
Daß er mit feinem Takt das Richtige stets wählt,
Und daß sein Weltverstand mir, ohne Schmeichelei,
Mehr gilt als Bücherquark und als Pedanterei.

Trissotin.
Die Wirkung dieses Sinns ist leider zu erkennen.

Clitander.
Und was denn sehn Sie dort, das Sie verderblich nennen?

Triffotin.

Was? — Daß man Rasius und Baldus dort nicht kennt,
Obgleich ganz Frankreich sie längst seine Zierde nennt,
Und daß, um ihr Verdienst nach Würden zu belohnen,
Sie Niemand dort beschenkt mit Titeln und Pensionen.

Clitander.

Ihr Kummer ist mir klar, und wär's nicht unbescheiden,
So fügten Sie sich selbst hinzu noch zu den beiden.
Doch bitt' ich Sie, um hier von Ihnen ganz zu schweigen,
Daß Sie mir das Verdienst der würd'gen Herrn doch zeigen.
Was ist der Nutzen denn von ihren Schreiberein,
Daß man den Hof mit Recht kann eines Undanks zeihn,
Und überall auf ihn in Schmähung sich ergießt,
Weil er für ihr Begehr der Gaben Gunst verschließt?
Gewaltig ist fürwahr der Nutzen, den sie stiften,
Sehr wichtig für den Hof sind ihre Werk' und Schriften!
Da fällt drei Burschen ein, weil rührig ihre Feder, [33]
Und sie gebunden sind in Pergament und Leder,
Sie sei'n im ganzen Staat die wichtigsten Personen,
Und hätten in der Hand das künft'ge Loos der Kronen;
Beim ersten Aufsehn, das ein Werk von ihnen macht,
Wird gleich an die Pension als Lohn dafür gedacht.
Sie meinen, daß auf sie das Universum schaut,
Und Alles wiederhallt von ihres Namens Laut,
Daß höher ihr Verdienst als jedes andre ragt,
Weil sie das sagen, was schon mancher hat gesagt,
Weil sie beim Lampenrauch die lange, lange Nacht
Mit trocknem Studium am Bücherbord verbracht,
Und dort sich vollgestopft mit Griechisch und Latein,
Mit dem gelehrten Quark, der nur für sie allein,
Und den ihr stolzer Mund nennt reiche Wissensbeute; —
Denn eignen Ruhmes voll sind immer diese Leute,
Die Einsicht fehlet stets, doch niemals fehlt das Wort,
Sie thun nichts, können nichts, und schwatzen immer fort;

Und ihre Arroganz ist allezeit geneigt,
Zu tadeln das Verdienst, das sich bei Andern zeigt.

Philaminthe.

Mein Herr, Ihr Zorn ist groß, und ich verkenn' es nicht,
Daß klar aus jedem Wort der Nebenbuhler spricht ...

Vierter Auftritt.

Trissotin. Philaminthe. Clitander. Armande. Julien.

Julien.

Der Herr Gelehrte, der so eben hier gewesen,
Ersuchet Sie, Madam, hier dies Billet zu lesen.

Philaminthe.

Und sei, was es enthält, auch wichtig überaus,
Merk' Er sich's Freund: man fällt nicht mit der Thür in's Haus!
Man scheut sich, das Gespräch so roh zu unterbrechen
Und suchet, eh' man kommt, die Dienerschaft zu sprechen;
Also betragen sich gebildete Lakain.

Julien.

Madam, ich schreibe dies mir in mein Büchlein ein.

Philaminthe
(liest).

Madam!
„Trissotin hat sich gerühmt, er würde Ihre Tochter heiraten. Ich mache Sie aufmerksam darauf, daß seine Philosophie es nur auf Ihren Reichthum abgesehen hat, und daß Sie wohl thun, diese Heirat nicht abzuschließen, bevor Sie nicht das Gedicht gelesen haben, das ich gegen ihn verfasse. Bis Sie dies Bild, in dem ich ihn in seinem ganzen Wesen zu malen gedenke, gesehen haben werden, schicke ich

Ihnen vorläufig den Horaz, Virgil, Terenz und Catull, wo
Sie alle Stellen am Rande bemerkt finden werden, die er
bestohlen hat." —

So tritt man überall dem Heiratsplan entgegen
Und sucht, wo man nur kann, ein Hinderniß zu legen;
Sie sollen aber sehn, daß sie beschleunigt haben,
Was zu verhindern sie sich alle Mühe gaben.

(Zu Julien)

Du magst das Blatt zurück zu deinem Herren tragen,
Und dieses ihm dabei als Antwort von mir sagen:
Damit er säh', wie sehr sein Rath mir wichtig scheint,
Und wie ich eifrig ihm zu folgen bin gemeint,
Gäb' ich Herrn Trissotin noch heut zur Frau mein Kind.

Fünfter Auftritt.

Philaminthe. Armande. Clitander.

Philaminthe
(zu Clitander).

Und Sie, mein Herr, da Sie ein Freund des Hauses sind,
Ersuch' ich dringend Sie und lade jetzt Sie ein,
Demnächst bei dem Kontrakt ein Zeuge uns zu sein.
Armande, schicke gleich den Diener zum Notare,
Und sorge, daß es auch die Schwester gleich erfahre.

Armande.

Die Sorge, Mutter, wird wohl gar nicht nöthig sein;
Clitander eilt gewiß, sie darin einzuweihn
Und wird, das glaube nur, die ganze Kraft dran setzen,
Sie gegen den Befehl der Mutter aufzuhetzen.

Philaminthe.
Wir werden sehn, ob ihm sein kecker Plan gelingt,
Ob nicht der Mutter Wort die Tochter doch bezwingt.

Sechster Auftritt.
Armande. Clitander.

Armande.
Mein Herr, es thut mir leid, daß so, wie Sie gedacht,
Sich allem Anschein nach die Sache doch nicht macht.

Clitander.
Sei'n Sie nur überzeugt, ich werde mich bestreben,
Sie in gar kurzer Zeit der Sorge zu entheben.

Armande.
Ich fürchte sehr, mein Herr, Vereitlung dieses Strebens.

Clitander.
Wer weiß! Es trifft sich wohl, daß Ihre Furcht vergebens.

Armande.
Das ist mein heißer Wunsch.

Clitander.
   Ich zweifle nicht daran;
Sie nehmen, hoff' ich, gern sich der Bedrängten an.

Armande.
Gewiß, ich werde thun, was mir wird möglich sein.

Clitander.
Sie ernten heißen Dank dafür, mein Fräulein, ein.

Siebenter Auftritt.

Chrysale. Ariste. Henriette. Clitander.

Clitander.
Verloren bin ich, wenn Sie nicht zu Hülfe kommen.
Madam hat mein Gesuch durchaus nicht angenommen,
Ihr lieber Trissotin, — er soll ihr Eidam sein.

Chrysale.
Zum Teufel, was ist das! was fällt der Frau denn ein?
Womit hat's der Pedant bei ihr so weit gebracht?

Ariste.
Sie liebet ihn, weil er latein'sche Verse macht,
Das ist der Vorzug, den er vor Clitander hat.

Clitander.
Und heute findet noch, sie will's, die Trauung statt.

Chrysale.
Noch heut?

Clitander.
Noch heut.

Chrysale
(zu Clitander und Henriette).
So send' ich selber zum Notar,
Und ihr zum Trotz seid ihr noch heut ein Ehepaar.

Clitander.
Sie hat schon hingesandt und läßt für sich ihn holen.

Chrysale.
Er schreibet den Kontrakt nicht eh'r, als ich's befohlen!

Clitander.
Armande übernahm's, Henrietten ohne Weilen
Von diesem Ehebund die Kunde mitzutheilen.

Chrysale.
Ich aber sprech' ein Wort der Machtvollkommenheit
Und will, sie mache sich für meinen Plan bereit;
Denn zeigen werd' ich, wer das Regiment hier führt
Und daß es Niemand sonst als mir, dem Herrn, gebührt.
(Zu Henriette)
Wir kommen gleich zurück, drum wart' ein Weilchen hier;
Herr Schwiegersohn und du, mein Bruder, kommt mit mir.

Henriette
(für sich).
O daß er immer doch in dieser Stimmung bliebe!

Ariste
(zu Henriette).
Ich thue, was ich kann, zu fördern deine Liebe.

— — —

Achter Auftritt.
Henriette. Clitander.

Clitander.
Wie viel man auch verspricht, mit Eifer uns zu dienen,
Mein bestes Hoffen ruht, mein Fräulein, doch in Ihnen.

Henriette.
So viel das Herz betrifft, dem können Sie vertraun.

Clitander.
Stets werd' ich glücklich sein, darf ich darauf nur baun.

Henriette.
Sie sehn, zu welchem Bund man es zu zwingen droht.

Clitander.
So lang' es mir gehört, hat's damit keine Noth.

Henriette.

Dem süßen Wunsche werd' ich alle Sorge weihn;
Doch sollte mein Bemühn stets ohne Folge sein,
So gibt es wohl für mich noch ein Ziel auf Erden,
Das mich derer tröstet, des Andern Frau zu werden.

Elisander.

O, daß der Himmel uns vor'm Aeußersten bewahre!
Daß nie ich den Beweis der Liebe so erfahre!

Fünfter Akt.

Erster Auftritt.
Henriette. Trissotin.

Henriette.
Es ist mir lieb, mein Herr, daß ich allein Sie sehe,
Ich spräche gern ein Wort von der bewußten Ehe;
Denn da in Streit und Zank darob das ganze Haus,
Ist's gut, wir sprechen uns recht klar und offen aus.
Sie hoffen, werther Herr, zugleich mit meiner Hand,
Auf großes Heiratsgut, — das ist mir wohl bekannt.
Jedoch das Geld, nach dem so viele Leute geizen,
Darf nimmer, wie mir scheint, den Philosophen reizen;
Verachten muß er's nicht in Worten nur allein,
Er muß im Handeln auch ein Geldverächter sein.

Trissotin.
Das ist's ja nicht, was mich an Ihnen so entzückt;
Nein, jener holde Reiz, womit Natur Sie schmückt,
Das Antlitz, die Gestalt, des Auges milde Gluth:
Das ist's, worin für mich der höchste Zauber ruht;
Das ist der Schatz, nach dem allein ich Sehnsucht trage.

Henriette.
Und das verdient gewiß, daß heißen Dank ich sage!
Nur bin ich sehr beschämt, daß Sie mich auserwählt,

Und herzlich thut mir's leid, daß die Erwidrung fehlt.
Ich schätze Sie, mein Herr, wie man nur schätzen kann,
Sie aber lieben, — nein, das leider geht nicht an. —
Sie wissen, daß ein Herz nicht zweimal sich ergibt,
Und meines fühlt zu sehr, daß es Clitander liebt.
Ich weiß, daß sein Talent das Ihre nicht erreicht,
Doch fehlt's zur richt'gen Wahl mir an Verstand vielleicht.
Ich weiß, welch ein Verdienst zu Ihren Gunsten spricht,
Ich seh' mein Unrecht ein, doch ändern kann ich's nicht!
Was ich allein vermag, ist, daß ich selbst mich hasse,
Weil ich durch mein Gefühl mich so verblenden lasse.

Trissotin.

Besitz' ich das, warum ich flehe, Ihre Hand,
Dann hat sich, hoff' ich, bald Ihr Herz mir zugewandt;
Dann ist mir jede Kunst und jede Müh' geringe,
Sobald als höchstes Ziel ich Ihre Lieb' erringe.

Henriette.

O nein! Es schlägt mein Herz der ersten Lieb' entgegen
Und läßt durch andre nicht zu Untreu sich bewegen.
Ich gebe Ihnen hier mich frei und offen kund,
Doch daß es Sie verletzt, dazu ist gar kein Grund.
Die süße Gluth, wenn sie im Busen keimt empor,
Die rufet kein Verdienst und kein Talent hervor.
Das Herz ist launenhaft; oft zieht uns Jemand an,
Obschon man das Wodurch gar nicht ergründen kann.
Entstände Lieb' aus Wahl und mit Besonnenheit,
Dann hätt' ich Ihnen längst mein ganzes Herz geweiht;
Doch Herzensliebe pflegt meist anders zu entstehn.
Drum lassen Sie mich nur in meiner Blindheit gehn,
Und suchen Sie ja nicht durch Mittel mich zu zwingen,
Durch die man hofft von mir Gehorsam zu erringen.
Dem elterlichen Zwang verdankt ein Ehrenmann
Das niemals gern, was er nicht selbst erringen kann;
Er macht zum Opfer nicht das Mädchen, das er liebt,
Und nimmt nur dann ein Herz, wenn es sich selber gibt.

Drum glauben Sie auch nicht, bei mir sich viel zu nützen,
Wenn auf der Mutter Macht Sie Ihre Hoffnung stützen.
Nein, besser thäten Sie, nicht mehr an mich zu denken
Und Ihres Herzens Gluth wo andershin zu lenken.

Trissotin.

O gäb's ein Mittel doch, mir Liebe zu erringen!
Ich würde gern dazu ein jedes Opfer bringen.
Wie soll es möglich sein, daß meine Gluth verschwindet,
So lange nicht mein Aug' für Ihren Reiz erblindet,
So lang' so liebenswerth —

Henriette.

           Wir lassen, denk' ich, nun
Die Phrasenrednerei, mein Herr, auf sich beruhn.
An einer Amaranth und Phyllis fehlt's ja nicht, [34]
Die Sie verherrlichen in manchem Lobgedicht,
Und deren Reiz auf's neu stets Ihre Muse preist.

Trissotin.

Aus solchen Versen spricht kein Herz, nein, nur der Geist!
Die Damen lieb' ich nur aus dichterischem Triebe,
Doch Henrietten weiß' ich meines Herzens Liebe.

Henriette.

Ich bitte Sie, mein Herr —

Trissotin.

           Und ist es Ihnen leid,
Dann seien Sie gewiß, der Gram währt lange Zeit;
Denn meine Gluth, ob Sie sie auch nicht anerkennen,
Wird stets auf dem Altar der reinsten Liebe brennen,
Und keine Rücksicht kann des Herzens Drang bezähmen.
Drum mögen Sie daran auch immer Anstand nehmen,
Der Mutter Beistand kann ich nicht so leicht entbehren,
Da er dem heißen Wunsch Erfüllung kann gewähren.
Erring' ich mir nur Sie, erreich' ich nur mein Ziel,
Dann kümmr' ich mich um's Wie, mein Fräulein, gar nicht viel.

Henriette.
Doch wissen Sie, daß mehr Gefahr ist, als Sie glauben,
Ein widerwillig Herz sich mit Gewalt zu rauben!
Und um voll Offenheit zu sein in diesen Dingen,
Mein Herr, es thut nicht gut, ein Herz sich zu erzwingen;
Denn das kann solchen Haß in einer Frau erwecken,
Daß wohl ein Mann davor im Voraus mag erschrecken.

Trissotin.
Es rührt mich Alles nicht, mein Fräulein, was Sie sagen,
Denn was auch kommen mag, der Weise kann's ertragen.
Es machte die Vernunft mein Herz von Schwächen frei,
Und solche Dinge sind ihm gänzlich einerlei;
Es fühlt sich stark und fest und wird auch nie besiegt
Durch das, was nicht in ihm, was außer ihm nur liegt!

Henriette.
Mein Herr, daß ich's gesteh', bewundern muß ich Sie!
Denn nie hab' ich geglaubt, daß die Philosophie,
Wie stark sie immer sei, so weit den Menschen treibe,
Daß er bei solchem Fall in seiner Ruhe bleibe.
Und diese Festigkeit und diese seltne Treue
Verdienet, daß daran ein Wesen sich erfreue,
Dem es nicht an Gefühl für Ihren Werth gebricht,
Und das ihn stets auf's neu setzt in sein wahres Licht.
Doch da ich mich dazu nicht für geeignet halte,
Daß solch ein Ruhm an mir gehörig sich entfalte,
So bitt' ich noch einmal, mich länger nicht zu plagen;
Ich schwör' es: gerne will ich Ihrer Lieb' entsagen!

Trissotin
(im Abgehn).
Nun, nun! wir sehn wohl bald, wie diese Sache endet;
Denn drinnen hat man schon nach dem Notar gesendet.

Zweiter Auftritt.

Chrysale. Clitander. Henriette. Martine.

Chrysale.

Es ist mir lieb, mein Kind, daß du gerade hier;
Daß deine Pflicht du thust, verlang' ich jetzt von dir.
Du wirst voll Kindessinn des Vaters Willen ehren,
Denn ich will Lebensart jetzt deine Mutter lehren.
Und daß sie's merke gleich, wie mich ihr Zorn nicht rührt,
Hab' ich die Köchin hier auch wieder hergeführt.

Henriette.

O, das ist lobenswerth, ich muß es eingestehn;
Doch hüte dich, davon nicht wieder abzugehn.
Sei stark in dem Entschluß, beharre fest darin
Und gib nicht wieder nach mit all zu weichem Sinn,
Damit nicht das, wonach sie strebt, ihr doch gelinge,
Und sie nicht wieder dich zu ihrem Willen zwinge!

Chrysale.

Was soll das? Hältst du mich für einen Gimpel? Sprich!

Henriette.

Beim Himmel, nein!

Chrysale.

Bin ich ein Laffe? Sicherlich!

Henriette.

Das sag' ich nicht!

Chrysale.

Du glaubst, daß ich nicht zeigen kann
Die Festigkeit, die sich gebührt für einen Mann?

Henriette.

O nein!

Chrysale.
Ich dächte doch, daß man in meinen Jahren
Verstand genug besitzt, sein Hausherrnrecht zu wahren!

Henriette.
Gewiß!

Chrysale.
Und daß ich nicht so schwächlich und so dumm,
Daß meine Frau mich so führ' an der Nas' herum!

Henriette.
Ach, bester Vater, nein.

Chrysale.
Nun dann begreif' ich nicht,
Wie du so sprechen kannst, und mir in's Angesicht!

Henriette.
Wenn ich dir weh gethan, so that ich es nicht gern.

Chrysale.
Mir sollst du folgen, mir, dem Vater und dem Herrn.

Henriette.
Sehr gern.

Chrysale.
Denn Niemand hat das Recht, und wer's auch sei,
Zu herrschen außer mir.

Henriette.
Dem stimm' ich gerne bei.

Chrysale.
Ich bin Familienhaupt, ich Herr auf meinem Land.

Henriette.
Ja wohl!

Chrysale.
Und ich allein vergeb' der Tochter Hand!

Henriette.
Gewiß.

Chrysale.
Vom Himmel selbst ist mir die Macht gegeben.

Henriette.
Gewiß, und Niemand denkt dagegen anzustreben.

Chrysale.
Und was den Mann betrifft, bald wird's zu sehen sein,
Ob du der Mutter wirst, ob mir Gehorsam leihn.

Henriette.
Daß du darauf bestehst, ach, Vater, freut mich sehr;
Befiehl Gehorsam mir, ich wünsche ja nichts mehr.

Chrysale.
Wir wollen sehn, wie weit sie's treibt im Widerstreite.

Clitander.
Da kommt sie eben her mit dem Notar zur Seite.

Chrysale.
Nun steht mir alle bei!

Martine.
Ich will — laßt mich nur machen! —
Wenn's Noth thut, euern Muth von neuem schon entfachen!

Dritter Auftritt.

**Philaminthe. Belise. Armande. Trissotin. Ein Notar. Chrysale. Clitander.
Henriette. Martine.**

Philaminthe
(zum Notar).

Und kennen Sie denn bloß die Sprache der Kanzlein?
Darf des Kontraktes Stil nicht ein gewählter sein?

Notar.
Mein Stil, der ist ganz gut, und ich, ich wäre dumm,
Setzt' ich in dem Kontrakt auch nur ein Wörtchen um.

Belise.
O welche Barbarei im Lande der Kultur!
Der Wissenschaft zu Lieb verlang' ich Eines nur.
O setzen Sie, statt sich der Thaler zu bedienen,
Dafür doch lieber hin: Talente oder Minen,
Und für des Datums Tag Kalenden oder Iden.

Notar.
Entschuld'gen Sie, Madam; wär' ich es auch zufrieden,
Es träfe mich der Spott von sämmtlichen Notaren.

Philaminthe.
Du hoffst vergeblich stets, zu bilden die Barbaren!
Doch nun, mein Herr, am Tisch sogleich hier Platz genommen!
(Martine bemerkend)
Wie unverschämt! Die wagt hierher zurück zu kommen?
(Zu Chrysale)
Du hast sie mitgebracht! Warum? möcht' ich dich fragen.

Chrysale.
Man wird dir das Darum zur rechten Zeit schon sagen.
Jetzt ist es Noth, daß man nach andren Dingen schaut.

Notar.
Wir schreiten zum Kontrakt. Also, wer ist die Braut?

Philaminthe.
Die jüng're ist's, die ich verloben will.

Notar.
Nun ja.

Chrysale.
Henriette nennt sie sich; mein Herr, Sie sehn sie da.

Notar.

Sehr wohl. Der Bräutigam?

Philaminthe
(auf Trissotin zeigend).

Dies ist mein Schwiegersohn.

Chrysale
(auf Clitander zeigend).

Und meiner dieser Herr in eigener Person;
Der soll ihr Gatte sein.

Notar.

Mein Gott, das sind ja zwei!
Ganz gegen die Usanz!

Philaminthe.

Was zaudern Sie dabei?
Sie setzen Trissotin in's Protokoll hinein.

Chrysale.

Clitander setzen Sie! es soll Clitander sein.

Notar.

Erst setzen Sie sich selbst in Einklang ob des Wahren;
Ich brauche einen nur, den andern kann man sparen.

Philaminthe.

Sie schreiben den, mein Herr, den ich zum Bräut'gam wähle.

Chrysale.

Sie folgen mir, mein Herr, und thun, was ich befehle.

Notar.

Jetzt sagen Sie: auf wen von beiden soll ich hören?

Philaminthe
(zu Chrysale).

Ich glaube gar, du willst dich gegen mich empören?

Chrysale.
Ich duld' es nimmer, daß, weil man für reich mich hält,
Man freiet um mein Kind aus bloßer Gier nach Geld!
Philaminthe.
Wer denkt denn, großer Gott, an Geld und Gut hierbei,
Als ob ein solches Ziel des Weisen würdig sei!
Chrysale.
Clitander, kurz und gut, er wird mein Schwiegersohn.
Philaminthe.
Nein, dieser wird's; so ist's bestimmt seit lange schon.
(Zu Chrysale)
Und so geschieht es, Mann! Die Sach' ist abgemacht.
Chrysale.
Du führst da einen Ton gewaltig ungeschlacht!
Martine.
Die Frau soll sich niemals mit dem Regier befassen,
Und soll in jedem Ding dem Mann das Vorrecht lassen.
Chrysale.
Sehr gut.
Martine.
Und muß ich zehnmal fort; das Sprichwort spricht:
„Die Henne soll nicht krähn dem Hahn in's Angesicht". 35)
Chrysale.
Jawohl!
Martine.
Allorten wird der Mann mit Spott genennt,
Deß Frau die Hosen trägt und führt das Regiment.
Chrysale.
Ganz recht.
Martine.
Hätt' ich 'nen Mann, ich säh's gerade gern,
Spielt' er im Hause mir recht ordentlich den Herrn!
Ich möcht' ihn keineswegs, wär' er Hans Immergut.
Und keift' ich gegen ihn aus Laun' und Uebermuth

Und spräch' ich gar zu laut, so hätt' ich nichts dagegen,
Brächt' er mich zur Raison mit ein paar Backenschlägen.

Chrysale.

Sie sprach ein wahres Wort!

Martine.
Wer tadelt Herrn Chrysal,
Daß er auf's Aechte sieht bei seines Eidams Wahl?

Chrysale.

Gewiß.

Martine.
Clitander ist noch jung, ist wohl gebaut,
Was wollt ihr noch? Weit mehr verdient er sie zur Braut,
Als der gelehrte Herr mit seinen Epilogen;
Denn sie will einen Mann und keinen Pädagogen.
Da sie Lateinisch nicht und auch nicht Griechisch spricht,
Braucht sie den Trissotin in ihrer Ehe nicht. —

Chrysale.

Sehr gut.

Philaminthe.

Ich duld' es nicht, daß sie noch länger schwatze.

Martine.

Auf dem Katheder sind Gelehrte ganz am Platze;
Jedoch als Ehemann, ich pfleg' es oft zu sagen,
Will mir ein schöner Geist am wenigsten behagen;
Im Haushalt kann man nichts mit der Gelehrtheit machen,
Und in der Ehe sind die Bücher Nebensachen.
Ich will, laß ich mich je in eine Heirat ein,
Das einz'ge Lesebuch für meinen Eh'mann sein;
Zu wissen braucht er nicht einmal das Abc,
Ist er Professor nur und Doktor in der Eh'!

Philaminthe.

Ist's nun vorbei? Mich dünkt, ich habe lang genug
Die Schwätzerin gehört!

Chrysale.
Sie sprach ja wie ein Buch!

Philaminthe.
Und ich, um allen Streit rasch zu beenden nun,
Ich sage: wie ich will, so soll und wird man thun!
(Auf Trissotin zeigend)
Henriette wird noch heut die Frau des Herrn da sein;
Ich hab's gesagt, ich will's, — drum redet mir nicht drein.
(Zu Henriette)
Und wenn Clitander schon das Jawort von dir hat,
Schlag' ihm die Schwester vor zur Frau an deiner Statt.

Chrysale.
Ein Mittel wäre dies, die Sache beizulegen.
(Zu Clitander und Henriette)
Wie steht's? So redet doch! Habt ihr etwas dagegen?

Henriette.
Ach, Vater!

Clitander.
Ach, mein Herr!

Belise.
    Es ließe sich vielleicht
Ein andrer Vorschlag thun, zu dem er mehr geneigt; —
Jedoch wir gründen ja ein neues Reich der Liebe,
Das wie die Sonne rein sich hält von ird'schem Triebe.
Der denkenden Substanz steht dort der Eintritt offen,
Doch was nur körperlich, darf keinen Einlaß hoffen!

Vierter Auftritt.

Die Vorigen. Ariste.

Ariste.

Es thut mir leid, daß ich hier eine Störung bringe,
Denn euch zu melden hab' ich böse, schlimme Dinge.
Die beiden Briefe, die mir eben hier gebracht,
Enthalten Nachricht, die um euch mir Sorge macht.
(Zu Philaminthe)
Den einen schickt für Sie der Prokurator ein.
(Zu Chrysale)
Der andr' ist aus Lyon.

Philaminthe.

Was könnte das wohl sein,
Das fähig wäre, mich des Gleichmuths zu berauben?

Ariste.

O bitte, lesen Sie; Sie werden's dann schon glauben.

Philaminthe
(lesend).

„Madame, ich habe Ihren Herrn Bruder gebeten, Ihnen diesen Brief zu übergeben; er wird Ihnen melden, was ich nicht gewagt habe, Ihnen zu sagen. Die große Nachlässigkeit, mit der Sie Ihre Angelegenheiten betrieben haben, ist Schuld, daß der Schreiber Ihres Referenten mich nicht zu rechter Zeit benachrichtigt hat, und Sie haben Ihren Prozeß, den Sie hätten gewinnen müssen, schließlich verloren."

Chrysale
(zu Philaminthe).

Verloren der Prozeß!

Philaminthe
(zu Chrysale).

Wie das dich gleich erregt!
Bei diesem Schlage bleibt mein Herz ganz unbewegt.
O zeige, daß auch dein's zur Weisheit sich erhebt
Und vor des Schicksals Schlag in Feigheit nicht erbebt.
(weiter lesend)
„Ihr Mangel an Sorgfalt kostet Ihnen vierzigtausend Thaler, und Sie haben außer dieser Summe auch die Prozeßkosten zu bezahlen, zu denen Sie durch Ausspruch des Gerichtshofes verurtheilt sind."
Verurtheilt! dieses Wort mag für Verbrecher passen!

Ariste.

Gewiß! man that nicht wohl, den Rechtsspruch so zu fassen,
Und ich begreif' es ganz, daß Sie es tief verletzt.
Denn besser hätte man dafür die Form gesetzt:
Es bittet das Gericht, daß Sie als prompter Zahler
Entrichten die Gebühr und vierzigtausend Thaler.

Philaminthe.

Der andre Brief!

Chrysale
(lesend).

„Mein Herr, die Freundschaft, die mich mit Ihrem Herrn Bruder verbindet, macht, daß ich Antheil nehme an Allem, was Sie angeht. Ich weiß, daß Sie Ihr Vermögen in die Hände von Argant und Damon gelegt haben, und ich benachrichtige Sie, daß beide am selben Tage Bankrott gemacht haben." —

Chrysale.

O Himmel, all mein Gut ist nun auf einmal hin!

Philaminthe.

Das ist ja nichts! o Mann, wie weibisch ist dein Sinn!
Wer Philosoph, den trifft der Pfeil des Schicksals nimmer,
Verliert er Alles auch, er bleibt sich selbst doch immer.
Zu unsrer Sache drum, und trösten mag es dich,

(auf Trissotin zeigend)
Der Herr da hat genug für uns und auch für sich.

Trissotin.
O nein, Madam. Ich denk' die Sache aufzugeben.
Ich seh' hier überall sich Widerspruch erheben;
Die Lieb' erzwingen, nein, das wäre mir doch leid.

Philaminthe.
Die Sinnesändrung kam, mein Herr, in kurzer Zeit;
Sie folget auf dem Fuß dem harten Schicksalsschlag.

Trissotin.
Bei solchem Widerstand, da gibt man endlich nach;
Viel lieber zieh' ich mich aus der Verlegenheit,
Verzichtend auf ein Herz, das doch sich mir nicht weiht!

Philaminthe.
Was ich den Andern hier geleugnet immerdar,
Das wird mir jetzt, und nicht zu Ihrem Ruhme, klar.

Trissotin.
Ich werde mich darum nicht im Geringsten grämen,
Mir ist es einerlei, wie Sie die Sache nehmen.
Doch bin ich nicht der Mann, geduldig zu ertragen,
Daß mein Bewerben stets mit Hohn wird abgeschlagen.
Ich bin, mich dünkt, doch werth, daß man mir Achtung zollt,
Und ich empfehl' mich ihr, die mich nicht hat gewollt.

Fünfter Auftritt.
Die Vorigen, ohne Trissotin.

Philaminthe.
Wie zeigt sich sein Gemüth in seiner Kleinheit hier!
Ein solches Thun gereicht dem Weisen nicht zur Zier.

Clitander.
Zum Ruhm der Weisheit hab' ich niemals aufgestrebt;
Doch nehm' ich innig Theil an dem, was Sie erlebt.
Drum wag' ich es, Madam, und biete Ihnen an
Mich und das Wenige, das mein ich nennen kann.

Philaminthe.
Mein Herr, ich bin gerührt durch Ihren Edelmuth
Und ich befried'ge jetzt Ihr Herz voll Liebesgluth;
Ja gern erkenn' ich Sie als meinen Eidam an ...

Henriette.
Ach, Mutter, nein! Ich seh', daß ich's nicht darf und kann.

(Zu Clitander)
Entschuldigen Sie mich, mein Wort nehm' ich zurück.

Clitander.
Sie widersetzen sich — ist's möglich? — meinem Glück,
Jetzt, wo ein jeder sich entscheidet für mein Loos?

Henriette.
Ich weiß, Clitander, Ihr Vermögen ist nicht groß;
Wie reizend stellte mir der Ehe Band sich dar,
So lang ich frei dabei von jedem Zweifel war,
Daß Ihrem Vortheil nichts darin entgegen stehe,
Doch da ich Alles dies sich nunmehr ändern sehe,
So lieb' ich Sie zu sehr, um Ihrem Glück zu schaden
Und Sie durch diesen Bund mit Sorgen zu beladen.

Clitander.
An Ihrer Seite beugt mich nie das Schicksal nieder,
Und ohne Sie ist mir ein jedes Glück zuwider.

Henriette.
So pflegt sich Liebe stets die Zukunft auszumalen,
Doch hüte man dabei sich vor der Reue Qualen!
Denn nichts vermag so sehr des Herzens Gluth zu dämpfen,
Als wenn man mit der Noth des Lebens hat zu kämpfen.

Der eine legt dann leicht die Schuld dem andern bei,
Daß aus der Liebe Glück der Gram entstanden sei.

Ariste
(zu Henriette).

Wie? was du da gesagt, ist's nur der einz'ge Grund,
Daß du entsagen willst dem langersehnten Bund?

Henriette.

Gewiß! denn ohne dies folgt' ich dem süßen Triebe,
Ich flieh' ihn darum nur, weil ich zu sehr ihn liebe.

Ariste.

Dann nenn' ich beide euch ein hochbeglücktes Paar,
Denn, daß ich's nur gesteh', die Nachricht ist nicht wahr.
Sie ist nur eine List, die glücklich mir gelungen;
Ich habe ja das Ziel, das ich gewollt, errungen,
Und meine Schwägerin sieht mit enttäuschtem Auge,
Daß, wenn man ihn erprobt, ihr Philosoph nichts tauge.

Chrysale.

O, Gott sei Dank!

Philaminthe.

Für mich ist's wahrhaft ein Genuß,
Zu denken, welche Qual der Wicht empfinden muß!
Für die Gemeinheit mag's gerechte Strafe scheinen,
Zu sehn, wie diese hier in Liebe sich vereinen.

Chrysale
(zu Clitander).

Ich hab' es gleich gesagt, ihr würdet noch ein Paar.

Armande.

Und mich, mich schlachtet man als Opfer am Altar?

Philaminthe
(zu Armande).

Daß du das Opfer seist, das, Tochter, sage nie!
Du hast ja sichern Halt an der Philosophie,
Und blickst auf Jener Glück mit neidesfreier Lust.

Belise.

Doch fragt sich's: lebt mein Bild nicht noch in seiner Brust?
Verzweiflung hat zur Eh' schon Manchen hingetrieben,
Dem bittre Reu' dafür sein Lebelang geblieben.

Chrysale

(zum Robert).

Sie schreiben jetzt.
(Zu den Andern.)
Und ihr, wißt, daß ihr schweigen sollt,
Weil Alles nun geschieht, wie ich's, der Herr, gewollt.

Anmerkungen.

1) Trissotin ist eine Anspielung auf den schöngeistigen Abbé Cotin, der gegen Molière geschrieben hatte, und den auch Boileau in seinen Satiren lächerlich machte. Bei der ersten Aufführung wurde er Tricotin genannt, und der ihn darstellende Schauspieler hatte sich bemüht, ihn so viel wie möglich in allen Aeußerlichkeiten nachzuahmen. Voltaire's Behauptung, der Abbé habe sich so über diese theatralische Persiflage geärgert, daß er davon gestorben sei, beruht auf einem Irrthum, denn er starb erst 1682. —

2) Dieser Vers ist eine Nachahmung eines Verses aus der Asinaria des Plautus Akt I, Scene III. —

3) Der Justiz-Palast, der zu Molière's Zeiten einen ähnlichen Anblick darbot, wie später das Palais Royal, und wie dieser der Versammlungsort und das Rendez-vous der höheren Stände war. Eine von Corneille's Komödien führt den Titel la Galerie du Palais. —

4) Belise ist eine Karrikatur aus einer etwas älteren Zeit, wo die heroische Liebe an der Tagesordnung war, wo die Frauen einen großen Anspruch auf die Ergebenheit der Männer machten und von ihrer Macht über dieselben ganz durchdrungen waren. Der Platonismus Armandens war dagegen neueren Datums. Diese Philosophie der reinen Liebe führte die Preciösen in ihrer Konversation zu Ausdrücken, die Molière in Armandens Reden sogar noch gemildert hat. Sie nannten die Heirat das Ende der Liebe, den Abgrund der Freiheit und einige

schworen sogar: sie würden nie mit einem Manne von Fleisch und Blut brutalisiren. —

5) Die Preciösen rühmten sich, wie hier Belise thut, der großen Zahl ihrer Anbeter, denn zu dieser Zeit diente dies vor Allem zur Erhebung ihres Ruhms, ohne ihrem Rufe zu schaden. Ganz keusche Damen hatten ihrer schönen Flammen kein Hehl und rühmten sich ihrer Liebesverhältnisse, ohne dabei ein tugendhaftes Ansehen einzubüßen, eine Sitte und Lebensanschauung, die die Galanterie am Hofe Ludwig XIV. charakterisirt; aus dieser ging dann die Sittencorruption der Regentschaft hervor und hatte die völlige Auflösung der Sitten unter Ludwig XV. zur Folge. —

6) Die Rolle der Köchin ließ Molière durch seine eigene Köchin, die ihm zum Modell gedient hatte, und auch Martine hieß, spielen, dieselbe, der er mitunter Scenen' aus seinen Komödien vorlas, um zu sehen, welchen Eindruck sie auf solche Leute machten. — Als er ihr einmal etwas aus dem Stücke eines Anderen mittheilte, merkte sie es sogleich. —

7) Auch dieser Zug ist dem Zeitgeist entnommen, er erinnert an die oft sehr komischen und doch ernsthaft gemeinten Diskussionen über die Einführung neuer Wörter und Redeweisen. Der Hofgrammatiker Vaugelas rief einmal aus:

„Es ist Niemandem gestattet, neue Wörter zu machen, selbst nicht den Alleinherrschern".

8) Den französischen bäuerischen Schnitzer je avons vermochte ich eben so wenig wörtlich wieder zu geben, wie das Mißverständniß grand' mère für grammaire. Vielleicht erscheint Geredupflirt und Anne-Liese als ein Ersatz dafür. —

9) Bekümmernuß, für sollicitude, ist vielleicht gewagt, doch ich bedurfte eines Solöcismus. Die Preciösen, wie der Verfasser des grand dictionnaire des précieuses ausdrücklich sagt, gaben sich die größte Mühe, alle alterthümlichen Wendungen und Ausdrücke aus ihrer Sprache zu verbannen.

10) A connaitre un pourpoint d'avec un haut-dechausse, dieser Vers scheint dem Montaigne entlehnt zu sein, der den François, Herzog von Bretagne, sagen läßt: qu'une femme étoit assez scavante

quand elle scavoit mettre différence entre la chemise et le pourpoint de son mary.

11) L'air bourgeois, des atomes bourgeois. Diese Ausdrücke werden gleichfalls im Grand dictionnaire des Précieuses, das eilf Jahre vor dem Erscheinen der Femmes savantes herauskam, angeführt.

12) Molière bezeichnet hier sehr deutlich den Abbé Cotin (geboren zu Paris 1604, Almosenier und Rath des Königs, starb 1682), von dem Oeuvres mêlées und Oeuvres galantes existiren, verspottet aber in der ganzen Rolle nur den preciösen Schöngeist in ihm und läßt den Geistlichen und Prediger ganz bei Seite. Cotin hatte ihn zuerst in seinen Schriften angegriffen, und Molière bleibt in dieser Repressalie seinem System treu, nach dem nur das an einem Menschen in den Bereich der komischen Bühne fällt, was der Oeffentlichkeit angehört. Als Molière auf der mit der seinen rivalisirenden Bühne des Hôtel Bourgogne vom Schauspieler Montfleury war persiflirt worden, äußerte er: Ich gebe den Schauspielern gern meine Werke, mein Gesicht, meine Gesten, meine Deklamation Preis, aber dies Preisgeben hat seine Grenzen, und es gibt Dinge, die weder dem Zuschauer, noch dem, von dem man spricht, lächerlich sind. —

13) Dies Sonett findet sich in den Oeuvres galantes en vers et en prose de Mr. Cotin. Paris 1663. Es führt die Ueberschrift: Sonnet à Mademoiselle Longueville, à présent duchesse de Nemours sur sa fièvre quarte.

14) Die leichte Anmuth, les vers aisés, galt in jener Cotterie, die einen Cotin, einen Prabon und einen Voiture wegen ihrer négligence herausstrichen, für eine besondere Genialität. Molière, Racine, Boileau waren ihr zu ängstlich und korrekt; schon im Misanthrope hatte sich Molière über diese Verkehrtheit lustig gemacht. — Uebrigens waren es selbst so geistreiche Damen, wie Madam Deshoulières, de la Fayette und Sévigné, die der Dichter wegen solcher Ansichten zu bekämpfen hatte; letztere kannte unter anderem nichts Reizenderes, als die Spielereien des süßlichen Voiture. —

15) Das Epigramm findet sich gleichfalls unter den Werken des Cotin. Es ist überschrieben „Madrigal sur un carosse de couleur amarante acheté pour une dame."

16) Es war mir unmöglich, das Wortspiel:

> Ne dis plus qu'il est amarante,
> Dis plutôt qu'il est de ma rente

und den Ausruf:

> Voilà qui se décline: ma rente, de ma rente, à ma rente wörtlich wiederzugeben.

17) Es ist bezeichnend, daß Mad. Philaminthe mit Trissotin besonders für den Zeno schwärmt; der immer schon im Voraus motivirende Dichter läßt sie im fünften Akt ihren Stoicismus bei der Nachricht vom verlornen Prozeß in vollem Glanze zeigen. —

18) Fast alle Preciösen hatten die Prätention, Pascal zu verstehn und Plato zu kommentiren. Mad. de Sévigné las den Plutarch, übersetzte den Tasso und beschäftigte sich viel mit Montaigne.

19) Descartes kam damals sehr in Aufnahme, er fing an, in den Schulen den Aristoteles zu verdrängen; in den allerfrivolsten Gesellschaften hörte man von tourbillons und horreur du vide reden, und die eleganten Damen beschäftigten sich, selbst mit Hintenansetzung ihrer Toilette, mit Physik, Astronomie ꝛc.; das philosophische Interesse drang bis in die Salons. —

20) Dies ist keine Uebertreibung, die Preciösen versammelten sich, um speciell über die Wohlredenheit, le beau langage, zu diskuriren und um neu aufgebrachte Ausdrücke entweder aufzunehmen oder zu verwerfen, und es ist ihnen allerdings gelungen, manche energische Wendung und anschauliche Bezeichnung, die noch heute gebraucht werden, in die Sprache einzuführen.

21) Dies geht wahrscheinlich auf den Ménage (s. unten), der in seinem Hause eine Gesellschaft schöner Geister versammelte, um mit denselben in letzter Instanz über die neu erscheinenden Werke Urtheil zu sprechen.

22) Mit Vadius ist ohne Zweifel der Polyhistor Ménage (geb. zu Angers 1613) gemeint, der den Beinamen der zweite Varro führte; er war erst Advokat und dann Geistlicher und starb 1692. Unter seinen vorzugsweise sich mit Sprachwissenschaft befassenden Werken sind die zuletzt erschienenen memoirenartigen Ménagiana für die Zeitgeschichte wichtig. — Er war allerdings stark im Griechischen, und in so fern

trifft die Anspielung. — Seine Anmaßung, seine mürrische Laune und sein pedantisches Wesen machten ihm viele Feinde, obgleich er wegen seines Geistes in den Zirkeln der Madame de la Fayette und Sévigné andrerseits auch sehr geschätzt wurde. Die Eklogen von Ménage wurden viel gelesen und bewundert, letzteres auch besonders von ihm selber. — Er war klug genug, seinen Aerger über diese Persiflage zu verbergen und lobte sogar das Stück, dessen Aufführung er beigewohnt hatte.

23) Dies erinnert an die bekannte Anekdote vom Marschall Grammont mit Ludwig XIV., die auch Nicolay zu einer poetischen Erzählung: das Madrigal, verwendet hat und die Madame de Sévigné (lettre du 1. décembre 1664) erzählt. — Ludwig XIV. hatte dem Marschall ein Madrigal von seiner Fabrik zu lesen gegeben, mit der Bemerkung, es sei herzlich schlecht. Der Marschall stimmte dem vollkommen bei. Der König: „Muß der Verfasser nicht sehr fade sein?" —

„Gewiß, Sire, so muß man ihn nennen."

„Sehr recht, es freut mich, daß Sie so aufrichtig urtheilen, denn ich habe es gemacht." —

„O Sire, geben Sie mir es noch einmal, ich habe es zu rasch gelesen."

„Nein, Herr Marschall, das erste Urtheil ist gewöhnlich das richtigste und natürlichste." —

24) Die Entlehnungen, die Ménage aus alten und neuen Schriftstellern gemacht hatte, ließen den Dichter Linière sagen, man müsse ihn an den Fuß des Parnaß führen und ihn da auf der Schulter stigmatisiren. —

25) In den Satiren Boileau's wird Cotin häufig und derb, Ménage aber nur einmal, und zwar ziemlich glimpflich, durchgenommen. —

26) Dies ist die einzige Stelle, wo ich eine Passage, die mir zu speciell und dabei für uns uninteressant schien, ausgelassen habe.

27) Die ganze Scene ist nach dem Mercure galant, tome I. (1672), einem wirklichen Ereigniß zwischen Cotin und Ménage bei Mademoiselle, der Brudertochter des Königs, die den Cotin sehr protegirte, nachgebildet. Als er ihr eines Tages das bewußte Sonett vorlas, trat Ménage ein. Sie zeigte ihm das Gedicht, ohne den Verfasser zu nennen, und

Ménage fand es sehr schlecht. Darauf folgte die vom Dichter in Reime gebrachte Zänkerei.

28) Diese uns sehr frei erscheinenden Ausdrücke waren nach dem damaligen Zeitgeschmack durchaus nicht ungewöhnlich und trotz des darin liegenden Widerspruchs mit ihrer Weise gerade den Preciösen sehr geläufig. — Diese Bemerkung paßt auch auf manche andere Passage unseres Stückes, deren Crudität ich nicht glaubte vertuschen zu dürfen.

29) Cotin hatte eine sehr lange und alberne Dissertation über den im Jahre 1664 und 65 erschienenen Kometen unter dem Titel galanterie sur la comète herausgegeben.

30) Charles Cotin studirte neben dem Griechischen und Lateinischen das Syrische und Hebräische und war in allen Wissenschaften bewandert, war aber dabei im höchsten Grade abgeschmackt. Zum Beweis dient folgende Stelle aus der Einleitung zu seinen Oeuvres galantes: „Mein Autorzeichen sind zwei verschlungene CC, die, einander gegenübergesetzt, einen Zirkel bilden. Dies bezeichnet in etwas mystischer Weise, daß meine Werke das Erdenrund umfassen werden, denn meine Räthsel sind in's Spanische und Italienische übersetzt worden und mein Hohes Lied durchläuft den ganzen Erdkreis ꝛc."

31) Cotin erklärt in seinen Oeuvres galantes, daß er seinen Feinden nichts übel nehme, und ein wahres Lamm, eine wahre Taube sei.

32) Diese glänzende Vertheidigungsrede für den Hof gegen die Beschuldigungen anspruchsvoller Schöngeister war, das darf man voraussetzen, von Seiten des Dichters, der im Misanthropen andrerseits die schöngeistigen Höflinge verspottete, eine ehrlich gemeinte, sollte wahrscheinlich aber auch dazu dienen, den Hof für sein Stück zu gewinnen, von dem er voraussah, daß es ihm bei den schöngeistigen Coterien viele Feindschaft und Verfolgung zuziehen würde. Von der Meinung der letzteren war der König, der in literarischen und künstlerischen Dingen ein sehr selbständiges Urtheil hatte, durchaus unabhängig. Sein richtiger Takt, der durch Welterfahrung und den täglichen Umgang mit so vielen großen Geistern entwickelt war, ließ ihn die Ueberlegenheit eines Molière, Racine und Boileau über Leute, wie Pradon, Cotin und Voiture, welche die Preciösen auf den Schild erhoben, bald erkennen. — Den Hof loben und vertheidigen hieß aber den König loben und vertheidigen, denn auch in der Aesthetik war sein Ausspruch für denselben

absolut maßgebend. Selbst das Schicksal dieses Stückes ist ein Beweis
davon. Ehe der König sich ausgesprochen hatte, hatten die Höflinge
manches auszusetzen, als er es aber nach der zweiten Aufführung lobte,
waren sie ganz entzückt darüber, eine Scene, die sich mehrmals und be=
sonders beim Bourgeois-gentilhomme wiederholt hat. —

33) Wenngleich hier nur Rasius und Balbus, zwei Pseudonyme,
citirt werden, so spricht Clitander doch, obgleich er versprochen hatte, den
Trissotin bei Seite zu lassen, gleich darauf von **drei Burschen:** jeden=
falls eine sehr geschickte und natürliche Wendung.

34) Cotin hatte in der That unter dem Namen Iris, Phyllis und
Amaranthe die vornehmsten Damen des Hofes besungen, die sich das
gerne gefallen ließen.

35) Dies ist eine Umschreibung eines alten Sprichworts, das man
bei Jean de Meung, dem Vollender des Romans de la Rose, findet.

   C'est chose qui moult me déplaist,
   Quand poule parle et coq se taist. —

Den humoristischen Chrysale, das Seitenstück des Orgon im Tartüffe,
spielte Molière selber, der im komischen Fach eben so bedeutend, als
schwach im tragischen war; die Henriette, später die glänzendste Rolle
der Mars, spielte seine Frau, die sich nach der damaligen Sitte Made=
moiselle nannte und in dieser Rolle reizend war; den Ariste gab der
nachher so berühmt gewordene, damals noch junge Baron, den Molière
ganz als Sohn adoptirte; die Philaminthe gab merkwürdiger, jedoch
damals nicht ungewöhnlicher Weise der Schauspieler Hubert, einer der
besten der Molièreschen Truppe, der auch die Madame Jourdain spielte
und sich überhaupt in Frauenrollen hervorthat. Auch die übrige Be=
setzung war vortrefflich und trug nicht wenig zum Erfolg des Lustspiels
bei, das nach dem Urtheile Jules Janins, auch heute noch auf dem
Théâtre Français mit gutem Ensemble gespielt wird. —

So hat sich des Dichters Hoffnung bewährt, der von diesem Stücke,
seinem vorletzten, das er mit großer Sorgfalt gefeilt und vier Jahre

auf dem Pulte hatte liegen gehabt, äußerte: „Wenn die Femmes savantes mich nicht zur zur Unsterblichkeit führen, so gelange ich nie zu ihr."

Er scheint bei Ausarbeitung desselben die Visionnaires von Desmarets, besonders bei Schöpfung der Belise die Hespérie dieses gleichzeitigen Lustspiels vor Augen gehabt zu haben. — Nach Herrn von Schacks Meinung haben ihm auch Lopes Melindres de Belisa, Calderons No hay burlas con el amor und Zarates La Presumida y la Hermosa als Vorbild gedient.

Verlag des Bibliographischen Instituts in Hildburghausen.

Mitte Juli erschien das **zweite** Heft der

Ergänzungsblätter

zur

Kenntniss der Gegenwart.

Wer angenehme Unterhaltung sucht, oder wer sich gern mit langen Leitartikeln und geistreichen Raissonnements beschäftigt, oder wen's gelüstet, von pikanten, Aufsehen erregenden Neuigkeiten in Form kurzer Feuilleton-Notizen zu naschen, oder wem's genügt, in periodischen Rundschauen summarisch von Geschehenem Akt zu nehmen, oder auch, wer nur einseitig in seinem Fache forscht und sich vertieft — für Den sind diese Blätter nicht gemacht. Wem aber darum zu thun ist, mit allen wichtigen Vorgängen auf allen Gebieten des Wissens und der menschlichen Thätigkeit vertraut zu bleiben, wem daran gelegen ist, dass nichts seiner Kenntniss entgehe, was von Einfluss und Tragweite auf die Entwickelung des öffentlichen Lebens ist, wer Belehrung über die Erscheinungen des Tages in pragmatischer Form und einem knappen encyklopädischen Styl sucht, wer, mit einem Wort, nach einem **Repertorium der Zeitgeschichte** — im weiteren Sinne des Worts — verlangt, dem seien unsere „Ergänzungsblätter" empfohlen.

Inhaltsverzeichniss des zweiten Heftes:

Biographie: F. A. Stüler, von Dr. M. Schasler. — H. C. Carey, von Dr. Adler. — O. von Bismark, von Dr. J. B. v. Schweitzer. — G. Pasta, von F. Wehl.

Kunst: L. Knaus und die heutige Genremalerei, von Dr. M. Schasler. — Shakespeare in Deutschland, von F. Wehl. — Der neue Kammerton, von O. Gumprecht.

Literatur: Literaturgeschichte, von O. Bank. — Histoire de Jules César, von O. Höfler.

Pädagogik: Zillers Reform der Erziehung, von F. Ziller.

Physik: Schlierenapparat. — Flammen. — Der elektrische Funke. — Schallwellen.

Chemie: Digitalin. — Blausäure. — Selen. — Schwefel. — Kreosot. — Bariumsuperoxyd.

Botanik: Araucaria brasiliana. — Lärchenschwamm. — Nourtoak. — Terpentin.

Mineralogie: Braunkohle.

Astronomie: Sternkarten. — Kleine Planeten, von Dr. Engelmann.

Geographie: Die unterseeischen Telegraphen, von Dr. K. Andree. — Preussen. — Schlesien. — Sachsen, von Dr. Petermann. — Wien. — Jahdebusen. — Schweiz. — Militärstrassen in den Alpen. — England. — Elba. — Frankreich. — Spanien. — Schweden. — Mexiko. — Die australischen Kolonien.

Meteorologie: Klima von Nordamerika, von H. W. Dove. — Dämmerung der Wärme, von Prof. Dr. Dellmann. — Wind. — Atmosphärische Elektricität von Prof. Dr. Dellmann.

Physiologie und Medicin: Kopfgenickkrampf. — Das rekurrirende Fieber. — Phosphorvergiftung. — Krätze, von Dr. O. Schüppel.

Volkswirthschaft und Statistik: Handelsverträge. — Versicherungswesen und Association, von Dr. H. Rentsch. — Preussen. — Floretseide. — Frankreich. — Seidenausfuhr. — Grossbritannien. — Schulbildung in Preussen. — Bagno.

Landwirthschaft: Eisenoxyd. — Entöltes Rapsmehl und Palmkuchen. — Andropogon Ischaemum. — Stärkefabrikation. — Fliegenlarvenkrankheit der Lämmer. — Rübenkrankheit.

Schifffahrt: Das Rettungswesen zur See, von J. Ziegler.

Technologie: Eisen. — Eisenblech. — Schiffspanzer. — Whitworth-Projektile. — Bauxit. — Kalomel. — Schiesspulver. — Arsensäure. — Leim. — Gerberei. — Glonoin. — Rübenzuckerfabrikation. — Papier. — Eichenfässer. — Kakaobutter. — Meerschaum. — Alabaster. — Hanftaue. — Collodiumwolle.

Nahrungsmittel: Ernährung junger Kinder. — Fleisch. — Bier.

Abbildungen: Töplers Schlierenapparat. — Der elektrische Funke. — Die Zusammensetzung der Flammen. — Schallwellen.

Diese **Monatschrift** erscheint vom Juni an in **Heften**, jedes von 64 Oktav-Seiten, zum **Subscriptionspreis von 6 Sgr.** Sorgfältig ausgeführte **Abbildungen** illustriren namentlich naturhistorische und technologische Artikel. — Jeder Band von 12 Heften bildet, mit einem alphabetischen Sach-Register versehen, somit ein vollständiges **encyklopädisches Jahrbuch der Gegenwart.**

☞ **Vorräthig in allen Buchhandlungen.**

Druck vom Bibliographischen Institut (M. Meyer) in Hildburghausen.